Liebe Leserin, lieber Leser,

wahrscheinlich wären Sie nie auf die Idee gekommen, nachts in unbekleidetem Zustand in den Garten zu gehen, um Raps oder Rüben zu säen; aber die meisten Tips, die Maureen & Bridget Boland aus alten Büchern und eigenen Erfahrungen zusammengestellt haben, sind ja auch viel weniger spektakulär. Jeder weiß, daß zum erfolgreichen Gärtnern nicht nur Dünger gehört, sondern auch ein Quentchen Glück, Geduld und Verständnis für das geheime Eigenleben der Pflanzen. Die Verfasserinnen wollen auch nicht dem Aberglauben das Wort reden, aber sie machen doch glaubhaft, daß in mancher kuriosen Überlieferung ein ernsthafter Kern steckt. Wir wünschen viel Spaß!
PS: Wenn Sie selbst nicht bei Vollmond in Ihrem Garten herumspringen wollen – vielleicht bringen Sie (mit Hilfe dieses Büchleins) die Nachbarn dazu?!

Die Autorinnen

sind – wie sie glaubhaft versichern – keine wirklichen Hexen, sondern haben ihre Kenntnisse mit völlig legitimen Mitteln erworben. Bridget Boland wurde am 13. März 1913 geboren. Nach langen Jahren in London, wo sie einen der typischen englischen Großstadtgärten besaß, ging sie 1969 mit ihrer Schwester Maureen (1906   ) auf Land Sie bewohnt ein G   das jahrelang Zentr   u« war.

Maureen & Bridget Boland:
Was die Kräuterhexen sagen
Ein magisches Gartenbuch

Deutsch von Gabriele Neesen

Deutscher
Taschenbuch
Verlag

Zur Erinnerung an Maureen

Deutsche Erstausgabe
April 1983
8. Auflage Oktober 1992
Deutscher Taschenbuch Verlag GmbH & Co. KG,
München
© 1976 Maureen & Bridget Boland
© 1977 Bridget Boland
Die Originalausgaben erschienen 1976 und 1977
unter
den Titeln ›Old Wives' Lore for Gardeners‹ und
›Gardener's Magic‹
bei The Bodley Head Ltd.,
London, Sidney, Toronto
© 1983 der deutschsprachigen Ausgabe:
Deutscher Taschenbuch Verlag GmbH & Co. KG,
München
Umschlaggestaltung: Celestino Piatti
Gesamtherstellung:
C. H. Beck'sche Buchdruckerei, Nördlingen
Printed in Germany · ISBN 3-423-10108-3

I. Buch

Warum wir dieses Buch geschrieben haben

Wir selbst sind, das muß ich gestehen, keine echten Kräuterhexen, sondern bloß alte Jungfern; auch sind wir in keiner Weise professionelle Gärtner. Die in diesem Buch zusammengestellten Tips haben wir gesammelt, weil wir sie selbst dringend brauchten. Fast vierzig Jahre lang hatten wir einen Garten in Höhe des Kellergeschosses neben unserem Haus in Pimlico. Er lag im finstersten Schatten, und die Erde bestand aus dem schweren Lehm des urbar gemachten Marschlandes, das einst der nahen Westminster Abbey gehörte. Gerard spricht in seinem Kräuterbuch von Wasserlilien, die dort wuchsen, und ein sehr alter Botaniker, den wir als Kinder kannten, pflegte davon zu erzählen, wie er als Junge auf dem Grundstück unseres Hauses seltene Sumpfblumen gepflückt hatte. Wir lernten durch Probie-

ren und aus vielen Fehlern, was sich dort anbauen ließ. Außerdem lasen wir in Büchern nach, welche Pflanzen sie für Schatten und feuchten Boden empfahlen. So viele von diesen waren giftig, daß wir sogar schon die Möglichkeit erwogen, einen Handel damit zu eröffnen, um »Möchte-gern-Mörder« damit zu versorgen, die davor zurückschrecken, sich beim Drogisten ins Giftbuch eintragen zu lassen. Dann lebten wir ein paar Jahre in South Kensington, wo wir mit mehr Erfolg einen Garten von sieben mal sieben Metern in Straßenhöhe bearbeiteten. Auf Anfrage öffneten wir ihn für das Publikum, um den Fonds der Gemeindeschwestern zu unterstützen, und er wurde viel bewundert. Er wurde sogar für zwei Bücher und verschiedene Zeitschriften fotografiert – aber wahrscheinlich nur, weil wir bogenförmige hohe Spiegel an die hintere Mauer gestellt hatten und den Leuten die Illusion gaben, zwei Gärten zum Preis von einem zu sehen.

Anschließend zogen wir in unser jetziges Haus in Hampshire und hatten nun einen Garten in kürzlich gerodetem Waldland mit leichtem, sandigen Boden an einem steilen Südhang. Das Tal war ein Sonnenloch, wo das bißchen Wissen, das wir uns bei der Bearbeitung unseres Themsemorasts im tiefen Schatten angeeignet hatten, völlig nutzlos war. Da wir schnell umlernen mußten, bestürmten wir jeden, den wir in der Gegend trafen, mit Fragen, was hier gut gedieh und wie es gepflegt werden mußte. Wir stellten fest, daß wir eine Menge merkwürdigster Informationen anhäuften, und das machte uns Spaß. Wir befragten alle unsere Freunde, wo immer sie auch lebten, welche Weisheiten ihre Großmütter

ihnen überliefert hatten. Natürlich lasen wir auch moderne, wissenschaftliche Gartenbücher; wir entdeckten aber gerade in alten Büchern so viele praktische Winke von Großmamas Art, die nie in den modernen Büchern vorkamen, daß wir beschlossen, sie all denen weiterzugeben, die nichts dagegen haben, ein gewisses Maß an Aberglauben mit gesundem Menschenverstand vermischt zu finden.

Man beachte den Mond

Jede erfahrene Kräuterhexe wird einem sagen, daß man nur bei zunehmendem, aber niemals bei abnehmendem Mond säen oder umpflanzen darf. Die Wissenschaftler haben das jetzt auch erkannt. Sie behaupten, daß der Mondrhythmus auf das magnetische Feld der Erde eine Wirkung ausübt, die das Wachstum der Pflanzen beeinflußt. Sie haben bewiesen, daß Wasser sich überall, selbst in den kleinsten lebenden Organismen, in Gezeiten bewegt wie das Meer. Der Mond beeinflußt auch die Erdatmosphäre, so daß ein starker Regen (gerade wie man ihn sich nach dem Pflanzen wünscht) unmittelbar nach Voll- oder Neumond rein statistisch wahrscheinlicher ist. Sie berichten, daß eine Kartoffel, bei gleichmäßiger Temperatur und Helligkeit unter Laboratoriumsbedingungen gezogen, dennoch einen Wachstumsrhythmus hat, der den Mondphasen entspricht. Wie gesagt, das haben Wissenschaftler ermittelt, aber als Kräuterhexe lernt man durch bloße Erfahrung, auch ohne Laboratorium und Tabellen, wie man seinen Pflanzen zum guten Gedeihen verhilft.

Mit Samen nicht sparen

Einen für den Raben und einen für die Krähe
Einen, der eingeht, und einen, der wächst,
  der ist zähe.

One for the rook, one for the crow,
One to die and one to grow.

Die rechte Bekleidung

Es ist merkwürdig, wie oft in alten Kräuterbüchern geraten wird, nicht nur dann zu säen, wenn der Mond voll ist, sondern dies auch in unbekleidetem Zustand zu tun. »Die besten Hausväter lassen den Sämann den Raps oder die Rüben nackt aussäen und dabei betheuern, daß das, was er thut, für sich und seine Nachbarn ist«, heißt es zum Beispiel. Vermutlich hoffte man, daß die Götter freundlicher auf den nackten unschuldigen Dilettanten herabsahen als auf den erfolgreichen Berufsgärtner. Aber vielleicht wurde der Rat auch nicht nur aus magischen Gründen gegeben: Man soll nicht säen, wenn der Boden zu kalt ist. Und die Wahrscheinlichkeit, daß wir es dennoch tun, ist geringer, wenn wir dabei nackt sein müssen. Wir haben gehört, daß die Bauern in Lincolnshire früher ihre Hosen auszogen und sich auf den Boden setzten, um zu testen, ob der

Boden warm genug war, um Gerste zu säen: Wenn er für sie angenehm war, war er auch gut für die Gerste. Mit steigender Bevölkerungsdichte wird der moderne Gärtner sich damit begnügen, die Erde mit dem nackten Ellenbogen zu testen, so wie Mütter das Badewasser für Babies und Kleinkinder prüfen.

Bohnenlegen, mit Matratzen und ohne

Es war keine Kräuterhexe, die uns beibrachte, beim Bohnenlegen Haare in die Saatrille zu tun, sondern ein Friseur, der seinen Salon aufgegeben hatte, um auf dem Lande Invaliden und älteren Pensionären in deren Häusern die Haare zu schneiden. Er trauert seinem Salon nur deshalb nach, weil er heutzutage, wo er alleine arbeitet, weniger Haare sammeln kann.

Überlandbusse sind besonders gut geeignet, um Kräuterweiblein zu treffen. Als eine von uns während einer Fahrt diesen Tip einer Nachbarin weitergab, erzählte diese, daß ihre Großmutter alte Roßhaarmatratzen für diesen Zweck zu zerzupfen pflegte, und daß sie sowohl ausgekämmte Haare ihrer Hunde und Katzen als auch ihre eigenen und die ihrer Kinder dafür verwendete. Kleine Schädlinge im Boden würden sich darin verfangen, berichtete sie, und Roßhaar wäre fest und scharf genug, um sie totzustechen. Jeder, der je als Kind mit bloßen Beinen auf einem Roßhaarsofa gesessen hat, wird das gerne glauben; aber Wissenschaftler haben nun auch herausgefunden, daß Haare voller wertvoller Mineralien und chemischer Stoffe sind und Spurenelemente liefern, die sonst nicht so leicht zu haben sind.

»An Lichtmeß steck' Bohnen in die Erde rein,
Wirf Kerze und Leuchter gleich hinterdrein!«

Die zweite Hälfte dieser Ermahnung wird vielleicht nicht so sehr einen magischen als vielmehr einen ökonomischen Hintergrund haben: Die sparsamen Gartenfrauen waren vermutlich der Ansicht, daß man ab zweiten Februar keine Kerzen mehr brauchte. Beim Aufstehen war es schon hell, Mittagessen gab es um drei Uhr, und der abendliche Eintopf, der bereits gekocht war, konnte beim flakkernden Schein des Feuers gegessen werden. Außerdem sollte man früh zu Bett gehen und ganz sicher im Bett nicht mehr lesen. Aber vielleicht bezieht sich der Spruch mit den Kerzen auch darauf, daß man Bohnen und Erbsen in Paraffin wälzen kann, um Mäuse abzuhalten. Notabene: Im Februar sollte man besser nur die frostharten Puffbohnen auslegen. Die meisten anderen Sorten erfrieren.

Kräuter aussäen

Niemals die gleichen Kräuter zweimal an derselben Stelle aussäen, sagt ein Kräuterbuch-Autor des 18. Jahrhunderts. Ein »scharfes« Kraut sollte mit einem »milden« abwechseln – eine vernünftige Faustregel für Fruchtfolge, die verhütet, daß die in der Erde enthaltenen speziellen Wirkstoffe, die die eine oder andere Pflanze benötigt, zu sehr ausgelaugt werden.

Kohl anpflanzen

Man wickle eine Spirale aus Silberpapier um die Wurzeln der jungen Kohlpflanze, um die Larven der Kohlfliege abzuhalten. Auf den Erdboden lege man, in etwa zehn Zentimeter Abstand um die Pflanze, ein Stück Schnur oder einen dünnen Ring aus Filz, die in Kreosot getaucht sind, um Befall zu verhindern.

Karotten pflanzen

Man zerkleinere Mottenkugeln und mische sie mit der Pflanzerde zur Abwehr der Möhrenfliege. Dies hat sich als hervorragendes Mittel erwiesen, selbst dort, wo die Fliege in Massen vorkommt. Man kann auch im Abstand von fünf Zentimetern zwischen die Reihen ein geteertes oder in Kreosot getauchtes Seil legen. Dies wird auch empfohlen, wenn die eben erwähnte Vorsichtsmaßregel nicht befolgt wurde.

Minze anpflanzen

Eine Mischung aus Asche und Erde, die sonst gerne zum Anpflanzen von Kräutern empfohlen wird, kann für Minze tödlich sein und sollte noch nicht einmal als Kompost verwendet werden.

Knoblauch anpflanzen

Ein altes Kräuterbuch schreibt, der Geschmack des jungen Knoblauchs werde süßer (was auch immer das bedeuten mag), wenn man die Zehen vor dem Pflanzen etwas drückt, um sie leicht zu verletzen: man kann aber auch Olivenkerne dazwischensetzen.

Fett für die Rosen

Unsere eigene spezielle und wertvollste Entdeckung als Kräuterhexen wurde – wie zweifellos die meisten anderen – durch einen Zufall gemacht. In der ersten Begeisterung hatten wir nach dem Krieg die neu aufgekommenen Spülmittel übermäßig gebraucht, wodurch das in Schaum eingebettete Fett aus dem Spülwasser allmählich eine dicke Fettschicht unter dem Gullydeckel vor dem Küchenfenster bildete. Wir entfernten sie; da dies aber in London passierte, zu einer Zeit, als Nahrungsmittel noch rationiert waren, schien es einfach undenkbar, etwas in die Mülltonne zu werfen, das aussah wie eßbares Fett: ein Klumpen von sicher 45 mal 30 cm Größe und fünf Zentimeter Dicke. Wir vergruben das Fett klammheimlich im Dunkel der Nacht im

Hintergarten – wie sich später herausstellte, nicht weit entfernt von einer Kletterrose, die nie so recht gedeihen wollte. In diesem Jahr blühte dann die Rose überwältigend voll und blüht seitdem immer. Wir pflanzten nie mehr Rosen, ohne Fett dazuzugeben, das wir uns extra von unserem erstaunten Schlachter erbaten.

Als wir aufs Land zogen, behielten wir dies im

ersten Jahr bei. Doch leider wurde jede einzelne unserer herrlichen Rosen sofort von den Füchsen ausgegraben, von denen es in den benachbarten Wäldern nur so wimmelte, so daß wir davon absehen mußten. Für Städter oder diejenigen, die mit Mauern umgebene Gärten haben, kann es nicht genug empfohlen werden. Einst lasen wir von einer Familie in Frankreich, von der erzählt wurde, daß sie unerwünschte Säuglinge der Mädchen aus den Dörfern unter den Weinstöcken vergruben; wahrscheinlich aus demselben Grunde. Aber man sage nun nicht etwa, daß wir dies geraten hätten.

Erdbeeren anpflanzen

Für Erdbeeren, aber auch nur für Erdbeeren, mische man das Zusammengeharkte der Humusschicht unter Fichten und Tannen mit der Pflanzerde. Als Spreu kann man Fichten- und Tannennadeln, zerkleinerte Zapfen und Zweige benutzen. Dies soll das Aroma verbessern. Wenn derartige Bäume nahe beim Hause stehen, sammeln sich Na-

deln zwischen den Dachziegeln und werden dann in die Traufe gespült. Die Reinigungsarbeit fällt einem (abgesehen von dem positiven Effekt freier Dachrinnen) leichter, wenn es eine Verwendung für das Produkt gibt.

Umpflanzen außerhalb der Jahreszeit

Sollte es sich aus irgendeinem Grunde als nötig erweisen, daß man zu einer Jahreszeit umpflanzen muß, in der es eigentlich zu kalt ist, so begieße man die Pflanzen mit warmem Wasser anstatt mit kaltem. Dies schadet erstaunlicherweise den Wurzeln nicht.

Farnkraut für Fuchsien

Bei dem leichten Boden unseres warmen und geschützten kleinen Tales lassen wir sogar die empfindlichen Fuchsien den ganzen Winter draußen, bisher ohne schlimme Folgen; allerdings decken wir sie immer mit Bergen von vertrocknetem Farnkraut gegen den Frost ab. Als eine vorübergehende Kräuterhexe das eines schönen Herbsttages sah, war sie entsetzt. Sie sagte uns, daß es nichts Besseres zum Eingraben unter Fuchsien gäbe als zerkleinertes grünes Farnkraut. Dies würde die Wurzeln anregen, nach unten zu wachsen. Aber sie wären so begierig nach Farnkraut, daß sie dazu neigten, auch nach

oben zu wachsen, wenn Farnkraut dort hingelegt würde, weshalb sie dann allerdings bei heißem und trockenem Wetter entsprechend leiden würden. Wir fanden einen Kompromiß, indem wir jetzt Farnkraut nach oben und unten geben.

Pflanzenfreundschaften

In einem so unwissenschaftlichen Werk wie diesem zögern wir, das Wort Symbiose zu benutzen, welches heute von ernsthaften Leuten verwandt wird, wenn sie von Pflanzen sprechen, die gut zusammen gedeihen. Früher fanden Gärtner durch ihre Fehler heraus, was gut zusammen gedieh und was nicht, ohne sich klar zu machen, daß sie die bio-dynamische Methode befolgten, und sie waren voll fröhlicher Ahnungslosigkeit hinsichtlich der Natur der Wurzelabsonderungen und der Wirkung organischer Verbindungen. Jetzt, da dies Wissen allgemein zugänglich ist, sollte niemand einen Blumen- oder

Küchengarten planen, ohne sich in folgendem kleinen Handbuch zu informieren: ›Companion Plants‹ von Helen Philbrick und Richard B. Gregg (Verlag Watkins). Nur der Respekt vor dem Urheberrecht hindert uns daran, große Teile daraus abzuschreiben, und so müssen wir uns widerstrebend darauf beschränken, nur solche Informationen weiterzugeben, die wir selbst entdeckt haben.

Tagetes passen zu allem

Als wir Kinder waren, verbrachten wir die Sommer in einem Fischerdorf in Nordfrankreich. Unsere Eltern mieteten ein kleines Haus von M. und Mme. Noël. Das Klima an dieser Küste und besonders die Winde sind rauh, und das Ehepaar Noël besaß den einzigen Garten im ganzen Dorf. Sie zogen Gemüse nur für den eigenen Bedarf, aber verkauften die Blumen. Es gab da ein Glöckchen, das jedesmal klingelte, wenn jemand durch das Tor in der hohen Gartenmauer kam. Schüchterne junge Männer pflegten es beim Hineinschlüpfen mit erhobener Hand am Läuten zu hindern, damit nicht die schrecklichen kleinen Bolands, die immer auf der Lauer lagen, im ganzen Dorf herumtratschten, daß sie auf Freiersfüßen gingen. An den Namenstagen der hübschesten Mädchen konnte man das unterdrückte Gebimmel den ganzen Tag hindurch hören.

Das Dorf war auf purem Meeressand gebaut, aber innerhalb der Mauern war der Boden des kleinen Gartens so nahrhaft wie Schokolade. Alles wuchs prächtig. Monsieur Noël's besonderer Stolz waren die von ihm gezogenen Dahlien, groß wie Suppenteller, die neben dem Herzhäuschen standen.

Es war kein schöner Garten, denn jede Sorte Blumen wuchs streng in Reihen, wie es zum Verkaufen am praktischsten war. Auch waren es für unseren Geschmack zu viele von den sogenannten »Immortellen«, die viel für den Friedhof verlangt wurden. Aber eins ist gewiß: Nirgends waren je Pflanzen so gesund und Blüten so groß. Wir lernten die französischen Namen der Blumen, bevor wir die englischen kannten, und waren höchst erstaunt, daß diejenigen, die wir als »Indische Knopflöcher« kennengelernt hatten, in England »Französische Ringelblumen« genannt wurden. Wir nahmen an, daß sie deshalb so hießen, weil (wie sich bei Monsieur Noël zeigte) die Franzosen sie offenbar ungemein liebten. Jedes Beet im Garten war mit einer Miniaturhecke von ihnen umsäumt, und die großen Beete hatten auch noch in der Mitte eine Reihe Tagetes. Gefragt, warum er so viele von ihnen zöge, denn der Geruch wäre doch gar nicht so angenehm, erwiderte Monsieur Noël: »Sie sind für alles gut.«

Da er auch alle Pflanzen zog, aus denen Madame Noël die gräßlichen Kräutertees herstellte, die sie jeden zu trinken zwang, der krank wurde, glaubten wir damals, daß Tagetes ein Spezialheilmittel wäre gegen all die Übel, »die unsres Fleisches Erbteil« sind. Aber wenn Monsieur Noël Gesundheit sagte, so dachte er immer nur an seine Pflanzen. Sowohl der Duft als auch die Wurzelabsonderungen der Tagetes können nicht hoch genug eingeschätzt werden, sei es im Blumen- oder Gemüsebeet oder im

Gewächshaus. Wir haben sie seitdem oft als Einfassung in Bauerngärten in England gesehen und nehmen an, daß weder die Bauern noch Monsieur Noël sich bewußt waren, daß sie damit auch Fadenwürmer im Boden und Mottenschildläuse vernichteten. Kartoffeln und Tomaten brauchen sie dringend.

Tagetes minuta ist sogar noch wirksamer als die französische *(Tagetes patula)* oder afrikanische Sorte; und es spricht für die Gartenbaukunst der Indianer, daß die Tagetes im alten Mexiko der Göttin des Ackerbaus geweiht war.

Nesseln in Grenzen

Man kann Nesseln nicht den ganzen Garten überwuchern lassen, aber es steht fest, daß sie das Wachstum aller benachbarten Pflanzen anregen, und außerdem sind sie bestens geeignet, einen Komposthaufen schneller zu zersetzen, während sie ihn gleichzeitig mit reichen Zusätzen versehen. Im Küchengarten ist es ratsam, sie in begrenzten Gruppen wachsen zu lassen, besonders zwischen den Johannisbeeren, die dadurch einen viel besseren Ertrag bringen und widerstandsfähiger gegen Krankheiten werden. Wenn man ein neues Stück Land für Beerenobst sucht, gibt es nichts Besseres als ein altes Brennesselbeet, das seit vielen Jahren seine Erde mit eigenem Kompost angereichert hat. Und wenn jemand eine Brennessel dort entdeckt hat, wo sie eigentlich nicht hingehört, ist es für den vom Jäten erschöpften Gärtner eine große Erleichterung, einfach in breitem Dialekt zu sagen: »Nee, nee, lot de da man stohn, de gifft Stickstoff, Silikat, Eisen, Protein, Phosphat, Ameisensäure und annere Mineralsalze – jawoll, dat deiht se!«

Doktor Fingerhut

Da, wo noch alte Bauerngärten vorhanden sind, findet man Pflanzen, die über viele Jahre hinweg gut zusammen gediehen sind, in fröhlichem Durcheinander. Aber wenn dann das Eigenheim fertig ist, alte Wagenlaternen rechts und links der Haustür aufgehängt werden und einer von diesen sterilen Vorstadtgärten entsteht, fliegt leider der einfache rote Fingerhut, womit der ganze Garten wie gesprenkelt war, meist als erstes ins Feuer (und noch nicht einmal auf den Komposthaufen!). Die alte Frau des Bauern hätte den Neuankömmlingen sagen können, daß nichts das Wachstum so anregt und Krankheitsbefall zu verhindern vermag, wie der gemeine Fingerhut. Abgesehen davon, daß die Pflanzen durch ihn gesünder bleiben, verbessert er auch die Lagerqualität von Kartoffeln, Tomaten und Äpfeln, die in seiner Nähe gezogen wurden. Aber die Bauersfrau ist eben meist nicht mehr da.

Doktor Kamille

So, wie man für kranke Familienmitglieder den
Hausarzt herbeiruft, so setzten die alten Gärtner für
ihre kranken Pflanzen Kamille. Wenn die Kamille
kurze Zeit neben eine empfindliche oder kränkliche
Pflanze gesetzt wird, erholt diese sich merklich, und
Kräuter wie Minze entwickeln ein stärkeres Aroma.
Nach einer Weile (wenn die Kamillen zu groß werden) beginnt die Pflanze allerdings wieder zu krän-
keln, als ob der Patient zu abhängig vom Doktor
oder gar zu wehleidig geworden wäre. Es ist deshalb nötig, die Kamille zu entfernen, wenn sie ihren
Dienst getan hat, die verbesserte Erde bei der wie-
dererstarkten Pflanze zu belassen und allenfalls später wieder eine junge Kamillenpflanze zu setzen. Ihr
»süßer Athem« oder, wie heutige Naturwissen-
schaftler sagen würden, die Ausdünstungen der
Blätter, wurden seit jeher als wohltuend für die benachbarten Pflanzen betrachtet.

Für Menschen ist der Duft angenehm, der entsteht, wenn man Kamille unter den Füßen zertritt.
Deshalb wird auch empfohlen, auf den Gartenwe-
gen Kamille wachsen zu lassen, wo sich übermäßi-
ges Wuchern mühelos einschränken läßt. Für Kohl
wird sie in jeder Menge für nützlich gehalten und
(mit ungefähr einem Meter Abstand gepflanzt) auch
für Zwiebeln.

Kräuter außerhalb des Kräutergartens

Abgesehen von der Tatsache, daß es für die Hausfrau praktisch ist, ein paar Blumentöpfe mit Kräutern in der Nähe des Hauses zu haben, scheint uns etwas herrlich Mittelalterliches in der Vorstellung eines reinen Kräutergartens zu liegen. Schon das Wort klingt, als ob wir dort jederzeit reich gewandete Damen und Herren lustwandelnd antreffen könnten, oder auch eine Jungfrau, die bei der Sonnenuhr oder am Brunnen sitzt, mit dem Kopf eines

Einhorns im Schoß. Aber wenn man dem Rat der Kräuterhexen folgt, empfiehlt es sich, auch anderswo Kräuter zu pflanzen: Erdbeeren erhalten z. B. besondere Wuchshilfe durch Borretsch, während Salbei, Minze, Thymian und Rosmarin dem Kohl helfen.

Es ist ein Glück, daß Petersilie so dekorativ ist, denn sie lockt die Bienen in den Garten. In Bauerngärten, diesen Musterbeispielen von Vernunft, die so kunterbunt aussehen, wird sie oft als Einfassung im Wechsel mit Steinkraut *(Alyssum)* gezogen, an deren Stelle der Vorstadtgärtner Lobelien anpflanzen würde. Zwischen Rosen, deren Duft sie verstärkt, ist sie besonders gut, und sie hilft Blattläuse

Pflanze	verträgt sich gut mit:	verträgt sich nicht mit:
1 Spargel	11 W	
2 Bohnen	4 5 8 10 12 W	7
3 Kohlsorten	X Y	7 10 Z
4 Möhren	2 5 6 7 8 12 W	
5 Lauch	2 4 8 12	
6 Kopfsalat	4 10	
7 Zwiebeln, Knoblauch	4	2 3 10
8 Erbsen	2 4 5 12 X	7
9 Kartoffeln	2 10 X	11 Y
10 Erdbeeren	2 6	3
11 Tomaten	1 W X	9
12 Rüben	2 4 5 W	
W Petersilie		
X Tagetes		
Y Rosmarin, Minze, Thymian, Kamille		
Z Raute		

vertreiben (obwohl man sie dafür nicht braucht, wenn man Knoblauch zwischen die Rosen gesetzt hat, *siehe S. 37*). Petersilie ist auch gut für Tomaten und Spargel.

Gemüse, die gut zusammenstehn können

Da Listen über Pflanzenfreundschaften verwirrend zu lesen sind (Möhren, Erbsen, Bohnen, Lauch und Rüben vertragen sich zum Beispiel gut, aber von diesen sollten wiederum nur Möhren neben Zwiebeln und Knoblauch stehen), ist eine Tabelle wohl am praktischsten. Wobei betont werden soll, daß in vielen Fällen A nicht unbedingt besonders gut für B sein muß, aber B ist dafür gerade besonders gut für A (Petersilie beeinflußt zum Beispiel Spargel positiver als Spargel seinerseits Petersilie). Aber das braucht uns nicht zu bekümmern, wenn wir sie nebeneinander pflanzen. Daß gewisse Pflanzen einen heftigen Widerwillen gegen einander haben, ist vielleicht noch wichtiger, als daß andere sich gut vertragen.

Auf daß dich die Raute nicht reue

Nicht nur für Kohl, sondern auch noch für viele andere Gemüsesorten ist die Gartenraute schädlich. Einige Kräuterhexen meinen, daß Salbei giftig wird, wenn er zu nahe an Rauten gepflanzt wird, aber es ist wahrscheinlicher, daß er, genau wie Basilikum, einfach eingeht. Viele Leute pflanzen Gladiolen nur deshalb in den Gemüsegarten, weil die Haltestöcke in Blumenbeeten häßlich aussehen. Jedoch sind sie ganz besonders unverträglich für Erbsen und Bohnen, und Erdbeeren leiden sogar noch bei einem Abstand bis zu fünfzehn Metern unter diesen störenden Nachbarn.

Die Esche

Bei Eschen glaubte man schon immer an magische Eigenschaften. Welche Kräfte sie auch immer Hexen und Zaubermeistern zu verleihen vermochte – jedenfalls würde kein rechtschaffenes Kräuterweib dulden, daß eine Esche in den Garten gepflanzt wird. Sie behaupten, Eschen seien so gierig, daß sie im Umkreis von vielen Metern die Erde auslaugen.

Wir selbst haben zwei merkwürdige Erfahrungen mit Eschen gemacht: Jahrelang hatten wir eine Rose an einem alten Baum hochranken lassen. Eines Tages wurde er vom Wind umgerissen, und die Rosenranken lagen am Boden. Ein ganzes Stück weiter unten am Abhang wuchs eine junge Bergesche, deren obere Zweige gerade hoch genug waren, daß wir die Rose in ihre Zweige hineinbiegen konnten, und wir hofften, daß sie so einen herrlichen natürlichen Rosenbogen bilden würde. Jedoch starb jeder einzelne Zweig der Rose bis zu genau dem Punkt ab, wo sie die Esche berührt hatte. Bei anderer Gelegenheit, als wir gerade keine anderen Reiser hatten, nahmen wir Eschenzweige. Aber die Wicken, die wir daran hochziehen wollten, mochten sich nicht daran festranken, und die zarten Triebe, die wir daran festmachen wollten, wickelten sich sofort wieder ab.

Wer sich entschließt, eine Esche zu fällen, die bereits im Garten wächst, möge bedenken, daß alle Landleute ihm dringend anraten würden, die Esche erst um Erlaubnis zu bitten. (Wie sie ihre Einwilligung ausdrücken würde, wissen wir nicht, aber vielleicht bedarf es nur der Höflichkeit einer Anfrage.)

Eschenholz brennt ausgezeichnet im Kamin, und alle Fassungen der alten Bauernregel, wie lange man die einzelnen Holzsorten lagern muß, bevor man sie verbrennt, enden mit dem Vers:

> Aber Esche frisch und alt
> Ist würdig einer Königin
> Mit einer Krone von Gold.

Eiche und Walnuß

»Wird ein Eichbaum neben einen Walnußbaum gepflanzt, so wird er nicht leben.« Dies erfahren wir auf Grund einer Übersetzung des Plinius von Phile-

mon Holland, Doctor der Physicke, 1601, aber leider wird in dieser Version nicht klar, ob nun die Eiche oder der Walnußbaum eingeht. Durch unglückliche Umstände haben wir den lateinischen Text nicht vorliegen; aber, ehrlich gesagt, bezweifeln wir, ob wir in der Lage wären, eine bessere Zuordnung des Pronomens als der gute Doktor zu finden.

Lorbeer

Wenn man auch nicht sagen kann, daß es unbedingt in diesen Abschnitt gehört, so können wir doch nicht umhin, die Auskunft weiterzugeben, daß es für den Menschen gut ist, wenn zumindest *ein* Lorbeerbaum in seiner Nachbarschaft angepflanzt wird; Friar Bartholomew sagte einst, »daß da, wo ein Lorbeerbaum steht, Haus und Feld vor Blitzeinschlag geschützt sind«.

Gundermann, Schachtelhalm und Zwergholunder

Es heißt, daß Tagetes, speziell die mexikanische Sorte *Tagetes minuta,* diese Unkräuter unter Kontrolle hält. Es mag ja einen Besucher etwas aus der Fassung bringen, einen dicken Buschen Tagetes an den unpassendsten Stellen im Garten zu finden, aber wen stört es, wenn dieses Mittel wirksam ist?

Quecke muß nicht im Rasen sein

In einem mit Quecke durchwachsenen Stück säten wir dick Rübensamen aus, wie uns geraten worden war. Auf diese Weise haben wir die Quecke völlig beseitigt. Nun wollen Sie vielleicht gar keine Kohlrüben (übrigens gibt es so dick ausgesät sowieso keine großen), aber Rüben sind Ihnen sicher noch lieber als Quecken.

Inzwischen haben wir gehört, daß Lupinen und Tomaten für denselben Zweck empfohlen werden, aber wir selbst hatten keinen Grund mehr, es auszuprobieren.

Man gebe ihnen überreichlich

Das Wachstum mehrjähriger Unkräuter, besonders der fleischigen Art, kann unterdrückt werden, indem man sie ruhig bis kurz vor der Blüte wachsen läßt und sie dann abschneidet und die Blätter anschließend dick über die Wurzeln legt. Wenn zwei Stellen gleichzeitig befallen sind, lege man alles

Abgeschnittene zunächst nur auf eine Stelle. So ist der Erfolg der Behandlung dort um so gewisser. Man kann sogar für diesen Zweck Büschel von demselben Unkraut im Brachland ernten.

Mottenkugeln im Pfirsichbaum

Wir hatten unseren Pfirsichbaum jahrelang gegen das Einrollen der Blätter gespritzt, und trotzdem rollten sie sich. »Pflücken Sie die Blätter ab«, riet uns eine freundliche Nachbarin, »und hängen Sie ein paar Mottenkugeln im Baum auf.« In dem Jahr rollten sich keine Blätter mehr auf, obwohl wir bis dahin die meiste Zeit damit verbracht hatten, befallene Blätter abzupflücken und mit diesem oder jenem zu spritzen. Als wir einmal keine Mottenkugeln auftreiben konnten, probierten wir Mothax-Ringe aus. Sie bewährten sich genausogut und ließen sich viel leichter aufhängen. Um nicht in den Ruf zu kommen, exzentrisch zu sein, weil man den Pfirsich wie einen Weihnachtsbaum mit weißen Kugeln und hübschen malvenfarbenen Ringen schmückt, sollte Besuchern lieber der Grund hierfür erklärt werden.

Methylalkohol

Aller Methylalkohol, der erübrigt werden kann, sollte dafür verwendet werden, Rosenkohl und alle Kohlarten gegen Mehltau zu spritzen.

Kohlhernie

Man grabe beim Kohlpflanzen hier und da ein Stückchen Rhabarber mit ein, das hilft gegen Kohlhernie.

Tritt darauf

Ein Mitglied vom wissenschaftlichen Beirat des BBC-Gartenprogramms erklärte, als er über die Identifizierung von kleinen Lebewesen im Garten sprach, ihm wäre als Junge gesagt worden: »Wenn es sich langsam genug bewegt, tritt darauf; wenn nicht, dann laß es in Ruhe, es wird wahrscheinlich irgendwas anderes töten.«

Niemals gegen Blattläuse spritzen

Es muß eine gigantische Verschwörung zwischen den Herstellern von Insektiziden und gewissen Gartenbuchautoren bestehen, die das Publikum dazu ermuntern, ein Vermögen und viele Stunden verlorene Zeit zu opfern, um ihre Rosen gegen Blattläuse zu spritzen. Uns hat man (leider) nie zu bestechen versucht, deshalb können wir Ihnen ganz unbefangen verraten, daß eine einzige Knoblauchzehe, neben die Rose gepflanzt, den ganzen Strauch von Blattläusen freihält. Die Wurzeln nehmen aus dem Knoblauch eine Substanz auf, die den Blattläusen abträglich ist. Wenn je im zeitigen Frühjahr einige von ihnen ausschlüpfen, deren Eltern zu sorglos in bezug auf das Wohlergehen ihrer Nachkommenschaft waren, so werden diese weder Eier legen noch überleben. Was immer es auch sein mag, was die Rose vom Knoblauch aufnimmt, ihren eigenen Duft beeinflußt es nicht, und solange man dem Knoblauch nicht zu blühen gestattet, gibt es auch keinen Knoblauchgeruch im Garten. Versuchen Sie ein Jahr lang in einem Beet die Rosen nur durch Knoblauch zu schützen, und in einem anderen Teil des Gartens spritzen Sie so viel, wie Ihnen nötig erscheint – Sie werden nie mehr Zeit und Geld verschwenden. Alle Mitglieder der Zwiebelfamilie, einschließlich Schnittlauch, sind teilweise wirksam, aber Knoblauch ist die einzige völlig ausreichende Lösung, die alle anderen überflüssig macht. Bei sehr trockenem Wetter wässere man den Knoblauch, so daß die Wurzelabsonderungen auch sicher von den durstigen Rosen aufgenommen werden.

Blattlaus und Mottenschildlaus

Bei Blattläusen auf Obstbäumen soll Kapuzinerkresse die Lösung sein, und zwar die rankende Sorte, die um den Stamm heraufwächst; auch gegen Mottenschildläuse im Gewächshaus. Wenn letzteres stimmen sollte, scheint die Wirkung mehr von den Ausdünstungen als von den Wurzelabsonderungen auszugehen, da die meisten Gewächshauspflanzen in Töpfen gezogen werden, und die Kräuterhexen nicht vorschlagen, daß man Kapuzinerkresse in jedem einzelnen Topf ziehen soll.

Ameisen

Unsere Vorfahren waren viel mehr gegen Ameisen eingestellt als wir heutzutage und gaben ihnen ein gut Teil Schuld an dem Schaden, den Blattläuse anrichten. »Wenn«, schreibt ein alter Kräuterkenner, »du Lupinen zerstampfst (die man beim Apotheker erhalten kann), und sie rund um den unteren Teil des Baumes streichst, werden weder Ameisen noch *pismires* den Baum berühren und heraufkrabbeln.« (Ich begann *pismires* im Lexikon nachzuschlagen, um eine gelehrte Fußnote zu schreiben; aber dann beschloß ich, mir lieber mein eigenes Fantasiebild eines Fabelmonsters, so wie sie in mittelalterlichen Tierbüchern zu finden sind, zu erhalten, nur noch viel schrecklicher, weil es nur 3 Millimeter lang ist. Dann jedoch überwog mein akademisches Pflichtgefühl, und ich schlug nach; aber die berühmten *»pismires«* werden auch nur als »Ameisen« erklärt.)

Raupen

Robert Ball, ein Mitglied der »Royal Society«, schrieb im Jahre 1718 an den Gärtner Richard Bradley des langen und breiten, wie alle Gartenschädlinge, besonders Raupen, in großen Schwärmen durch den Ostwind, der aus dem Tartarenlande kommt,

hergeweht werden. Windbrecher sollten deshalb in Gestalt von Bäumen, hohen Hecken und Flechtzäunen gepflanzt werden, um den Garten oder besondere Pflanzen von dieser Seite her zu schützen; denn es würden westlich davon keine Raupen gefunden werden.

Ohrwürmer

Derselbe Mr. Bradley rät, »Schweinefüße, Pfeifenköpfe und Hummernscheren zwischen Pflanzen auf Stöcke zu spießen und jeden Morgen das darin hausende Ungeziefer zu töten«.

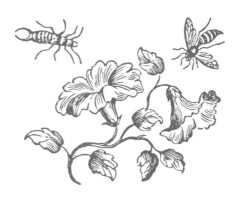

Schnecken

Mr. Bradley erfuhr »von einem kenntnisreichen Herrn in Hertfordshire«, wie wirkungsvoll es sei, Obstbaumstämme mit zwei oder drei Strängen Roßhaar zu umwickeln, »die so voller Stoppeln und hervorstechenden Haarspitzen sind, daß weder eine Wegschnecke noch andere Schnecken darüber kriechen können, ohne sich zu Tode zu stechen«. Für an der Mauer wachsendes Obst empfahl er, das Roßhaarseil in der ganzen Breite des Baumes an die Wand zu nageln und bei Spalierobst einen Roßhaarstrang unten um den Stamm und einen am unteren Ende eines jeden Stützstabes zu befestigen. Bei Blu-

menkohl sollte gar ein Strang rund um das ganze
Beet gelegt werden. Mangel an Roßhaar in diesen
degenerierten Zeiten ist kein Grund zur Verzweif-
lung: eine wunderbare Falle gibt auch ein Marme-
ladenglas ab, das mit ein bißchen Bier darin neben
die Bäume gelegt wird.

Wild

In einer waldreichen Gegend ist die einzig sichere
Methode, um Wild aus dem Garten herauszuhalten,
daß man rund um den Garten eine drei Meter hohe
Mauer oder aber einen soliden Palisadenzaun baut.
(Aber dessen Instandhaltung würde auf Dauer bei
weitem mehr kosten als die Anlage einer Mauer.)
Die *Rosa rugosa* »Alba« wächst bis zu zweieinhalb
Meter hoch und bildet mit der Zeit eine dichte un-
durchdringliche Hecke; aber wenn Wild drei Meter
hoch springen kann, wo liegt dann der Weitsprung-
rekord? Man erinnert sich des Hirsches in ›The La-
dy of the Lake‹: »Mit einem großen Satz überwand
er das Dickicht.« Wie auch immer, Rugosas gedeihen nicht gut unter Bäumen, und unser Garten geht
an manchen Stellen in die umliegenden Wälder
über; es wäre eine Sünde, in diesen Teilen Palisa-
denzäune zu errichten. Nachdem wir eine kleine
Weile hier gelebt hatten, wurde uns klar, daß wir
niemals den Anblick des Wildes würden aufgeben
können, wenn es bei Sonnenaufgang oder in der
Dämmerung durch den Garten zog und hier und da
anhielt, um aus Bach oder Teich zu trinken. Aber

natürlich waren alle jungen Triebe unserer Rosen abgeknabbert. Wir pflanzten enorme Kletterrosen wie »Himalayan musk« und »Kiftsgate«, welche zehn bis dreizehn Meter hoch werden, und schützten ihre unteren Zweige mit Kaninchendraht, solange sie klein waren. Wir pflanzten auch solche mächtigen Buschrosen wie »Nevada«, bei denen nur die äußeren Triebe litten. Wir lasen, daß das Verstreuen von Löwenlosung das Wild verschrecken würde, aber um die Losung zu bekommen, hätten wir Löwen halten müssen, und das wiederum hätte *uns* in Schrecken versetzt. (Obwohl wir feststellen konnten, daß auch das Fell des Löwen sehr nützlich zu sein scheint: wenn man Kleider darin einwickelt, werden unweigerlich die Motten abgehalten.) Dann lieferte uns eine Gartenhexe eine wesentlich einfachere Lösung: Man binde ein dickes Stück Stoff, wie etwa Flanell, an das Ende eines Bambusstabes und tauche es in Kreosot und stecke den Stab dann wie eine Flagge neben jede Rose oder an jede Ecke des Beetes. Das Wild wird es nicht riskieren, dem starken Geruch zu nahe zu kommen, da er verhindert, daß es nahende Gefahr wittert. Nach ein bis zwei Tagen ist der Geruch für menschliche Nasen nicht mehr wahrnehmbar, es sei denn, man schnüffelt direkt am Tuch. Während des Sommers sollten die Fähnchen nach schweren Regenfällen immer wieder in Kreosot getaucht werden. Auch Veilchenduft bewirkt nach kurzer Zeit (auch bei Menschen) die zeitweise Lähmung der Geruchsnerven, aber Veilchen blühen nicht lange genug, um als Ersatz für Kreosot dienen und die Rosen schützen zu können.

Vögel

Wegen der hohen Kosten für Drahtnetze nahmen wir Nylonnetze, um unser Obst abzudecken. Die Eichhörnchen setzten sich auf die Querstangen und nagten saubere Löcher, durch die so viele Vögel eindrangen, daß es aussah, als ob wir einen Vogelkäfig aufgestellt hätten. Wir kamen auf die Methode unserer Großmutter zurück und banden schwarze Baumwollfäden zwischen die Obstbäume. Vögel können den Abstand solcher Fäden gegen den Himmel nur schwer abschätzen und befürchten, daß sie mit den Flügeln hängenbleiben, wenn sie plötzlich auffliegen müssen. Es ist zumindest ein Abschreckungsmittel. Nylonfäden reißen nicht, wenn die Zweige vom Winde hin- und hergeweht werden oder (nicht abgeschreckte) Vögel sich hineinverirren.

Bewährte Kräuterhexen vertreten die Ansicht, daß Primeln und gelber Krokus, die sonst von den Vögeln ruiniert werden, unter einer Lavendelhecke von ihnen nicht angerührt werden. Wir beabsichtigen, Lavendel zwischen unseren Beeren anzupflanzen, zumindest entlang dem Erdbeerbeet. Es kann nichts schaden, es einmal auszuprobieren, aber wir werden die Größe und das Aroma der Beeren mit denjenigen vergleichen, die woanders wachsen, denn Erdbeeren sind mimosenhaft, und es kann sein, daß sie die Nähe einer so intensiven Pflanze übelnehmen.

Maulwürfe

Kleine Stückchen Karbid in die Gänge gelegt, haben sich als wirkungsvolles Abschreckungsmittel erwiesen, denn die Feuchtigkeit des Bodens aktiviert sie. Aber das Karbid sollte in wirklich luftdichten Behältern aufgehoben werden. Wir hatten etwas davon in einem feuchten Schuppen in einem nur lose zugedeckten Gefäß aufbewahrt. Als wir es dann benutzen wollten, war es gräulich anstatt schwarz und am nächsten Tage fanden wir einen frischen Hügel, wo wir gestern gerade den alten beseitigt hatten, und das nun weiße Karbid lag fröhlich zerkrümelt zwischen der frisch aufgeworfenen Erde.

Gerard, ein Botaniker des sechzehnten Jahrhunderts, rät Knoblauch in die Öffnung eines Maulwurfgangs zu legen »und du wirst ihn erstaunt herauslaufen sehen«. Wir taten also und warteten – und nichts geschah. Vielleicht hatten wir nicht lange genug gewartet. Auch das Anpflanzen von Wolfsmilch wird als Abschreckung empfohlen. Aber da wir am Waldrand wohnen, gibt es bei uns so viele, daß auch Wolfsmilch sie nicht alle abhalten kann, es sei denn, im ganzen Garten wüchse nur Wolfsmilch. Es heißt aber, daß Wühlmäuse sterben, wenn sie den giftigen Samen der Wolfsmilch *Euphorbia lathyris* fressen.

Andererseits haben natürlich auch Maulwurfshügel ihr Gutes. Benutzen Sie die herrliche zerkrümelte Erde mit Sand vermischt zum Eintopfen!

Katzen

Eine Gartenfreundin wurde von den Katzen ihrer Nachbarn belästigt, die sich in ihrer Katzenminze wälzten und sich auf ihren schönsten Alpenpflanzen sonnten, und schrieb an eine bekannte Zeitung, daß sie ein Heilmittel gefunden hätte: Man lege ein Stück Fahrradschlauch auf den Rasen. Die Katzen denken, es wäre eine Schlange, und machen einen weiten Bogen um den Garten.

Wilde Katzen

Wenn man von diesen belästigt wird, heißt es, daß »sie vor dem Rauch von Raute und bitteren Mandeln fliehen«.

Blumen arrangieren

»Sie, die nach Sträußen gelüstet, ist eine schwere Prüfung für den behutsamen Gärtner«, hätten die alten Botaniker vermutlich gesagt – nur daß die Untugend des Blumensteckens verhältnismäßig jung ist. Gewiß war ein großer Teil der alten Gärten dem Anbau von »Streukräutern« gewidmet, die man mit Stroh vermischt ausstreute, bevor Teppiche aufkamen. Und zwar sowohl des Duftes wegen, als auch, um mit dem Geruch Mäuse, Flöhe und Läuse abzuhalten.

Es waren jedoch die holländischen Blumenmaler, die (hauptsächlich, wie wir vermuten, um in der Zeit der »Tulipomanie« den Verkauf von holländischen Blumenzwiebeln anzukurbeln) die Idee verbreiteten, Blumen massenweise in Vasen zu arrangieren. Die Japaner, die wahre Meisterwerke mit drei Zweigen komponieren, müssen bei ihren Gärtnern viel weniger unbeliebt sein. Man sollte nie jemand mit Messer oder Schere bewaffnet in den Garten lassen, der zwar Blumenstecker, aber kein Gärtner ist, besonders nicht in die Nähe von Stauden. Da Fußangeln jetzt illegal sind, kann man nur sicherstellen, daß überhaupt etwas Blühendes im Garten bleibt, indem man darauf achtet, daß die Blumen, die ins Haus gebracht werden, möglichst lange halten, bevor sie erneuert werden müssen.

Alle Blumen halten sich in der Vase viel länger frisch, wenn Fingerhut in den Strauß eingefügt ist. Wenn man für eine besondere künstlerische Zusammenstellung Fingerhut als unpassend empfindet, füge man dem Wasser Fingerhuttee hinzu. Zur Zubereitung gießt man kochendes Wasser auf eine Handvoll Blätter und Blüten, oder auch nur die Blätter, wenn gerade nicht Blütezeit ist, und lasse ihn über Nacht ziehen. Man lege Pfennige ins Wasser. Bei Delphinium und Rittersporn füge man Zucker hinzu, bei Osterglocken und Narzissen Holzkohle

oder Kampfer. Die abgeschnittenen Enden von Chrysanthemen halte man für einen Moment in sehr heißes Wasser und dann sofort in ganz kaltes. Tulpenstengel müssen sofort nach dem Schneiden in Zeitungspapier gewickelt und dann für ein paar Stunden bis zum Hals ins Wasser gestellt werden. Narzissen (die eine Substanz absondern, die für andere Pflanzen giftig ist, und deren Stengel bei manchen Menschen sogar schon beim Anfassen einen Ausschlag verursachen), sollten möglichst nicht mit etwas anderem zusammen in eine Vase gestellt werden. Aber wenn jemand darauf besteht, achte man darauf, daß sie zuerst eine Stunde in separatem Wasser stehen, und dann noch einmal gespült werden.

Die obersten Knospen von Rittersporn, Gladiolen und Löwenmaul müssen abgeknipst werden.

Heidekraut bleibt ohne Wasser in der Vase wochenlang frisch, ohne daß die Blüten welken oder die Blätter abfallen – eine Tatsache, die bei den Winter- und frühen Frühlingssorten besonders nützlich ist. Forsythien und Winterjasmin halten länger, wenn sie in der Knospe statt in voller Blüte gepflückt werden und zuerst in heißes Wasser gestellt werden. Falls dennoch von blühenden Sträuchern geschnitten werden muß, so sollten nicht nur die blühenden Spitzen genommen werden, sondern es muß der ganze blühende Trieb bis auf zwei Augen oberhalb des alten Holzes abgeschnitten werden.

Küchenabfälle

Alles, was man selber ißt, können Pflanzen auch gebrauchen. Selbst Kaviar könnte zweifelsohne mit gutem Erfolg dem Fischmehl beigefügt werden. Die äußeren grünen Blätter von Gemüse brauchen noch nicht einmal kompostiert zu werden, sondern können als Gründüngung benutzt werden; entweder kleingehackt und zwei Spaten tief untergegraben – oder nur einen Spaten tief mehrere Monate, bevor etwas gepflanzt wird. Der Inhalt des Küchenausgusses gehört auf den Komposthaufen mit Ausnahme der Fleischreste von den Tellern: Füchse und sogar manche Hunde zerwühlen sonst den ganzen Haufen, wenn sie Fleisch riechen. Eine Besonderheit, die wir uns nicht erklären können, ist, daß der lose auf den Haufen geschüttete Kaffeesatz für die Tiere von keinerlei Interesse zu sein schien, wohingegen Filter-Tüten mit Kaffeesatz jedesmal sorgfältig geleert und das gesäuberte Papier weit herum verstreut wurde. Wir beschuldigten die Füchse, daß sie es mit Bedacht taten. Wir hatten den Eindruck, daß sie zueinander sagten: »Jetzt gehen wir nach oben zur Farm Hühnchen essen, und anschließend zu den Bolands zum Kaffee.« Aber ein Zoologe belehrt uns, daß wir uns das alles nur einbilden.

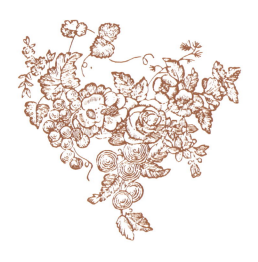

Teeblätter

Wenn die Kräuterhexen mit dem Wahrsagen aus den Teeblättern fertig sind, heben sie diese auf, um sie den Kamelien als Dünger zu geben, die davon ganz ausgezeichnet gedeihen.

Milch

Wenn Milchflaschen ausgespült werden müssen, sollten sie zuerst mit Wasser gefüllt und tüchtig geschüttelt werden. Die Flüssigkeit dient dann als sehr mildes Düngemittel bei Topfblumen und auch im Garten; Kletterpflanzen, die an der Hauswand wachsen, neigen besonders dazu, trocken zu werden. So braucht die Hausfrau glücklicherweise nicht weit zu gehen, um einen brauchbaren Platz zum Flaschenausspülen zu finden.

Seifenwasser

Bevor die modernen Spülmittel aufkamen, empfahlen die Kräuterhexen, das Seifenwasser (speziell wenn es Soda enthielt) auf Blumen- und Gemüsebeete zu schütten und meinten, daß Kohl ganz besonders davon profitiert. Diejenigen, die, wie wir, Senkgruben haben und moderne Waschmittel nicht benützen, können so jedenfalls für dieses Nebenprodukt ihrer Mühen dankbar sein.

Bananenschalen

Es wurde schon lange behauptet, daß Bananenschalen, die nur gerade etwas untergebuddelt wurden, besonders gut für Rosen sein sollten. Die Wissenschaftler haben dies jetzt bestätigt und festgestellt,

daß Bananenschalen, da sie schnell verrotten, beachtliche Mengen an Kalk, Magnesium, Schwefel, Phosphat, Natrium und Kieselsäure abgeben.

Bier

Charlie, den wir im Bus treffen, wenn wir zum Einkaufen fahren, erzählt uns, daß er einmal die Überreste vom hausgebrauten Bier aus seinem Küchenfenster goß. Draußen stand eine Reihe Stockrosen. Während die übrigen recht mäßig gediehen, wuchs diejenige, die direkt unter dem Fenster stand, zu der stattlichen Höhe von sechs Meter fünfzehn heran, und »ein Mann vom BBC kam heraus, um sie zu sehen«. Spülen Sie Ihre Bierflaschen und -gläser wie Ihre Milchflaschen zum Besten Ihres Gartens aus. In diesem Fall ist es offensichtlich die Hefe, die den Trick bewirkt.

Schuhe

Alte Lederstiefel oder Lederschuhe sollte man nicht in den Mülleimer werfen, sondern stets im Garten vergraben. Leder ist voller guter Dinge und verrottet allmählich (bis auf die ekligen Gummi- oder Plastiksohlen, die später entfernt werden können). Die Salze im menschlichen Schweiß sind auch nicht ohne Nutzen, nebenbei gesagt.

Eierkartons

Geben Sie Ihre Eierkartons nicht Ihrem Kolonialwarenhändler oder Milchmann zurück und werfen Sie sie erst recht nicht weg: Sie sind genau richtig, um kleinen Sämlingen als Pflanztöpfe zu dienen, und kosten Sie nichts.

Alte Nylons

Alte Nylons sind kräftig und dehnbar, deshalb sind sie hervorragend zum Anbinden von jungen Bäumchen geeignet.

Nutzen aus Schachtelhalm

Gerard sagt, daß Schachtelhalm auch als Zinnkraut bekannt war und zur Reinigung von Zinn und hölzernen Gerätschaften Verwendung fand. Er eignet sich auch zum Scheuern von Aluminium, wenn man gerade keine Stahlwolle bei der Hand hat. Machen Sie einen kurzen, dicken, doppelseitigen, etwa sieben bis acht cm langen Pinsel daraus, indem Sie ein Büschel mit zwei Bindfäden in etwa ein bis zwei cm Abstand binden. So können beide Seiten und Enden verwendet werden. Wenn Sie ihn, wie es zu hoffen ist, im Garten ausgerottet haben, dann suchen Sie nach wildwachsendem Schachtelhalm an feuchten Stellen. Falls ein Aluminiumkochtopf angebrannt ist, kochen Sie zunächst eine Zwiebel darin auf und gießen dann den hochsteigenden Schaum ab.

Wetter

In den heutigen Zeiten der Wettersatelliten mögen die alten Methoden geringgeachtet werden; aber die meteorologischen Stationen geben uns immer nur ein sehr allgemeines Bild, und man sollte nie versäumen, wegen der örtlichen Wetterbedingungen die alten Leute der Gegend zu fragen. Während unserer Sommerferien in Frankreich als Kinder wußten wir immer, daß es am nächsten Tage Regen geben würde, wenn wir die weißen Kreidefelsen der Küste von Kent klar über den Kanal hinweg sehen konnten. Und von einer bestimmten Wohnung in Rom ließ sich dasselbe sagen, wenn man auf den fernen Hügeln der Albaner Berge die einzelnen Häuser erkennen konnte. In ›The Country Calendar or the Shepherd of Banbury's Rules‹ aus dem siebzehnten Jahrhundert gibt es in drei Sprachen eine reizende Variante des alten Sprichwortes: »Abendrot – macht Wedder god, Morgenrot – bringt Water in'n

Sot.« Es gibt uns ein anschauliches Bild des in früheren Zeiten quer durch Europa wandernden Pilgers. In England, schreibt der Autor John Claridge, sagt man:

> A red evening and a grey morning
> Sets the Pilgrim a-walking
>
> Bei Abendrot und grauem Morgen
> geht der Pilger ohne Sorgen.

Auf französisch so:

> Le rouge soir, & blanc matin,
> Font réjouir le Pèlerin.

Die Italiener sagen dasselbe:

> Sera rosa, & nigro Matino,
> Allegro il Peregrino.

Er zitiert auch ein englisches Sprichwort:

> In the Decay of the Moon
> A cloudy Morning bodes a fair Afternoon.

Und auch:

> When Clouds appear Like Rocks and Towers,
> The Earth's refreshed by frequent Showers.

> Wenn Wolken wie Felsen und Türme
> erscheinen,
> Wird die Erde erfrischt durch des Him-
> mels Weinen.

Er sagt, daß seine eigene Beobachtung die Meinung
bestätigt habe, daß leichter Dunst vor Sonnenaufgang kurz vor Vollmond für die nächsten vierzehn
Tage gutes Wetter bedeutet. Tritt er jedoch bei
Neumond auf, gibt es in den letzten zwei Wochen,
bevor der Mond wieder voll ist, Regenwetter. Aber
er rät uns auch, keine Voraussagen in der ersten
Nacht des jungen Mondes zu machen, sondern erst
ein paar Nächte danach.

Bei heißem Wetter, sagt er, wenn der Wind zwei
bis drei Tage aus südlichen Richtungen gekommen
ist, und die Wolken wie Türme aufeinandergehäuft
sind mit schwarzen Rändern unterwärts, wird es
plötzlich Donner und Regen geben. Falls zwei solcher Wolkenburgen auf je einer Seite erscheinen,
sollte man schnellstens Unterschlupf suchen. Vor
allem, rät er uns, beobachte man die Bienen, denn
wenn es Regen gibt, verlassen sie den Bienenkorb
nicht oder entfernen sich nur kurze Strecken davon.

Wir bitten nicht um Entschuldigung, daß wir
Sprichwörter zitieren, denn, wie Bacon sagte, »sie
sind die Philosophie des kleinen Mannes«. Nachfol-
gend eine gereimte Sammlung von vielen aus dem
›New Book of Knowledge‹, 1758 erschienen:

Wenn Enten und Erpel ihre Flügel weit strecken,
Oder Fohlen auf ihrem Rücken sich recken;
Wenn Schafe blöken oder spielen und hupfen,

Oder weidende Kühe ihr Futter schnell rupfen;
Wenn Ochsen das Fell gegen den Strich sich lecken,
Oder Schweine hinter Stroh auf der Schnut sich verstecken;
Wenn das Vieh laut brüllt oder starrt von unten,
Oder es rumpelt und pumpelt in den Därmen von Hunden;
Wenn Taube und Täuberich in des Abends Grau
Kehren später zurück in den Taubenbau;
Wenn Krähen und Dohlen sich vielmals benetzen,
Oder Ameisen und *pismires* nach Hause hetzen;
Wenn Hennen im Staub schütteln die Flügel gar,
Oder zusammenlaufen in sehr großer Schar;
Wenn Schwalben tief über dem Wasser fliegen,
Oder Holzläuse kommen wie Armeen in Kriegen;
Wenn Fliegen, Mücken oder Flöhe Dich plagen,
Oder mehr als sonst stechen, bei Nacht und bei Tagen;
Wenn Kröten heim eilen oder Frösche quaken allwegen,
Oder wenn Pfauen schreien – dann erwarte bald Regen.

Mouffet beobachtet in dem ›Theatre of Insects‹ aus dem 17. Jahrhundert: »Wenn Gnitzen bei Sonnenuntergang in der Luft hinauf- und herabschwirren, sagen sie Hitze vorher, aber wenn sie samt und sonders die Vorbeigehenden stechen, dann gibt es kaltes Wetter und viel Regen.« Sie helfen einem, sagt er, in Zeiten der Trockenheit dort Wasser zu finden, wo sie nach Sonnenuntergang »in Form eines Obelisken herumschwirren«.

Trockenheit

Wie auch immer die Wettervorhersage, wenn trockenes Wetter kommt, müssen wir gießen. Weise raten uns, zwischen Mitte September und Mai nur morgens zu wässern; selbst das Angießen frisch gesetzter Pflanzen sollte nicht zu spät am Tage erfolgen, damit die Wurzeln bei Nachtfrost nicht geschädigt werden. Wir haben gehört, daß man, wenn man einen Pfirsichbaum pflanzt, ein Rohr senkrecht daneben einlassen soll, das mindestens vier Zentimeter im Durchmesser hat und gut achtzig Zentimeter lang ist und dessen Öffnung gerade über die Erdoberfläche herausreicht. Bei heißem Wetter soll man dort hineingießen, um die Wurzeln anzuregen, nach unten zu wachsen, und sie dort mit genügend Feuchtigkeit zu versehen. Da wir verschiedene große Rosen wie »Kiftsgate« oder »Himalayan musk« an Bäumen hinaufwachsen lassen, haben wir solche Rohre neben ihnen eingesenkt, denn sie müssen nahe dem Stamm gepflanzt werden, wo die Erde oft sehr trocken ist. Eigentlich sollte man zum Gießen natürlich nur Wasser aus einer Regentonne nehmen, aber es ist ziemlich langweilig, mit einer vollen Kanne neben den sich schnell füllenden, aber langsam leerenden Rohren zu stehen. So gestehen wir, daß wir bei langanhaltendem trockenen Wetter den Schlauch anstellen, das Ende in das Rohr legen und es dort ungefähr eine Viertelstunde langsam hineindrippeln lassen. Jedenfalls haben wir an einer sandigen steilen Hangseite Rosen, die nach fünf Jahren zehn Meter hoch wuchsen, sehr gesund sind und durchaus zu der Hoffnung berechtigen, noch weitere drei Meter oder so zu wachsen.

Der Gärtner eines Palazzos in Rom, der verantwortlich war für die überwältigende Blumenpracht in den irdenen Schalen auf den Terrassen, verblüffte uns mit der Mitteilung, daß er sie selbst im Hochsommer nur zweimal wöchentlich wässere. Jede Schale habe auf der vorderen Seite unten zwei oder drei Löcher; diese würden mit Spundzapfen verschlossen und die Schale so lange gewässert, bis das Wasser fünf Zentimeter über der Oberfläche stand, und es würde ungefähr eine Viertelstunde lang so gelassen. Danach würden die Zapfen entfernt. Jegliche Neigung der Erde auszulaugen wurde dadurch bekämpft, daß er öfter Mist obenauf gab und im Herbst einen Teil der Erde entfernte und durch

Dünger ersetzte, der in großen Mengen untergegraben wurde – gewöhnlich eine Mischung aus Schafsdung und Kompost aus Blättern und Rinde. Mächtige Azaleen und Oleander gediehen bei dieser Art Behandlung genauso gut wie Geranien, Bleiwurz und ähnliches, selbst Fuchsien litten nicht dabei.

Kälte

Wenn Frostgefahr droht, sollten Pflanzen, die geschützt werden müssen, zu unserem großen Erstaunen am Abend mit kaltem Wasser gesprengt werden, welches beim Verdunsten genügend Wärme entwickelt, um Frostschäden abzuwenden.

Nach einem heißen, trockenen Sommer ist das Farnkraut, das sonst so brauchbar ist, um Pflanzen gegen Frost abzudecken, oft etwas dürftig und sackt nach ein paar Wochen einfach zusammen. In solchen Jahren kann man auch Astern gleich nach der Blüte zurückschneiden und das Abgeschnittene für denselben Zweck verwenden. Überkreuz gestapelt ergibt es einen fast genausoguten Schutz und ist praktisch unzerstörbar (wie jeder wissen wird, der töricht genug war, Astern mit im Kompost abzulagern).

Ach, daß wir wüßten, warum und wo und bei welchem Wetter der anonyme Dichter schrieb:

> O western wind, when wilt thou blow,
> That the small rain down shall rain?
> Christ, that my love were in my arms,
> And I in my bed again!

> O Westwind, wann willst du wehn
> Daß der sanfte Regen regnet herab?
> Ach, daß mein Lieb in meinen Armen wär'
> Und ich in meinem Bett!

II. Buch

Über den Zauber der Gärten

Worin besteht der Zauber alter Gärten? Kann es zum Teil daran liegen, daß diejenigen, die sie entworfen haben, etwas anderes damit im Sinn hatten, als nur dem Auge gefällig zu sein, welches unser einziges Kriterium zu sein scheint? Vielleicht hatten die Pflanzen mehr Persönlichkeit, mehr Würde, mehr von der göttlichen Offenbarung in sich, wenn sie wegen der wunderbaren Kräfte, die ihnen innewohnen sollten, mit Respekt, ja mit ehrfürchtiger Scheu behandelt wurden. Ein Garten, der nichts enthält außer prunkenden Teehybriden und Floribunda-Rosen, die ihrerseits von den schreienden Farben der Dahlien und Chrysanthemen noch übertrumpft werden, läßt einen nichts von den Geheimnissen der Natur und nichts davon fühlen, wie Pflanze und Gärtner in das große Ganze eingebunden sind. Etwas von dem alten Zauber kann man in einem heutigen Garten einfangen, wenn man sich der alten Überlieferungen bewußt ist. Selbst wenn man nicht den Drang verspürt, mit den okkulten Möglichkeiten der Rabattenbeete zu experimentieren, bringt es doch viel Freude, die ernsten Gesichter der einfachsten Pflanzen zu betrachten, die früher als so mächtig galten, und denjenigen Respekt zu zollen, die einst bessere Tage gesehen haben und heute wie Könige im Exil bei uns wohnen. Als meine Schwester und ich das Material für unser erstes Buch (S. 5–62) durchforsteten, mußten wir bedauernd so einiges beiseite legen, das wir gerne weitergegeben hätten. Wir waren uns aber nur allzu bewußt, daß vieles nicht die Bedingungen erfüllte, die wir uns selbst gestellt hatten, daß nämlich die Ratschläge, wenn vielleicht auch exzentrisch, so doch praktikabel sein sollten. Ich habe nun aus diesem Überschuß ausgewählt für dieses zweite Buch, welches im Grunde ebenso viel über den Gärtner als auch über die Gärtnerei sagt. Denn es handelt von den Hoffnungen und Ängsten der Menschen, die, geliebt oder ungeliebt, in Angst oder Neugier, stets in die eine oder andere Schwierigkeit verstrickt waren. Sie hielten im Garten nach Hilfe Ausschau und fanden sie vielleicht auch, weil sie so sicher waren, daß sie dort zu finden sein müßte.

Ob die uralte Geschichte der Magie die Leichtgläubigkeit der Menschen beweist oder vielmehr deren Weisheit, an das zu glauben, was zwar erprobt, aber noch nicht erforscht ist, ist unwesentlich. Magie *ist* faszinierend und *bezaubert* uns. Den Wissenschaftlern, die kürzlich die Existenz von Materieteilchen entdeckten und sie *Charms* benannten, weil sie von ihnen fast nur wußten, wie sie ihre Nachbarn beeinflußten, sollte der Nobelpreis für Nomenklatur verliehen werden.

Da es zahlreiche Bücher über die medizinisch anerkannten Heilkräfte der Pflanzen gibt, schreibe ich hierin nichts über dieselben. Dies Buch handelt einzig und allein von ihren magischen Kräften, und ich behaupte nicht, daß sie bei irgendeinem Verbraucherschutz-Test bewiesen werden könnten. Da in der Tat ein großer Teil der Ratschläge garantiert keinerlei praktischen Nutzen hat, werden diese mit einigen handfesten zusätzlichen Ratschlägen der alten Kräuterhexen verbunden. Viele davon sind mir von den Lesern unseres ersten Buches freundlicherweise zugesandt worden, wofür ich mich herzlich bedanke.

Speise für Liebende

Die Lehre von der Symbolik (daß jede Pflanze irgendein Zeichen ihrer Wirkung trägt) ist sehr wichtig in bezug auf die Magie des Gärtners. »Betrachte die Wurzel der Bocksrollzunge«, sagt Paracelsus, »ist sie nicht wie die männlichen Attribute geformt?« Niemand kann dies leugnen. Infolgedessen entdeckte die Magie, daß diese Wurzel die männliche Zeugungskraft und Leidenschaft wieder herstellen kann. Die Lupine und die Karotte wurden aus demselben Grunde als Aphrodisiaka betrachtet (galten freilich als weniger wirksam). Nicht anders das Knabenkraut, das Shakespeare »long purples« und die Botaniker *Orchis mascula* nennen, denen aber »freimütige Schäfer einen viel gröberen Namen geben«.

»Immergrün zu Pulver zermörsert und mit einem Wurm aus der Erde umwickelt und mit einem Kraut namens Hauswurz«, sagt eine frühe Übersetzung des ›Buches der Geheimnisse‹, das Albertus Magnus zugeschrieben wird, »bewirkt Liebe zwischen einem Mann und seiner Frau, wenn es unter ihr Essen gemischt wird.« Wie so oft bei der Magie wundert man sich, wie die geheimen Kräfte dieser einfachen Zutaten in ihrem Zusammenwirken entdeckt werden konnten; denn die Schwierigkeit, einen Wurm um ein Pulver zu wickeln, scheint beachtlich. Aber der große Albert war vermutlich kein Koch. Die Ingredienzen sind leicht zu ziehen: Der Hauslauch auf Dachziegeln oder in jedem Spalt oder Ritz in einer Mauer, und Immergrün in jeder schattigen Ecke, besonders, wenn sie etwas feucht ist.

In derselben schattigen Ecke kann Saubrot *(Cyclamen neapoletanum)* gezogen werden, das manchmal in wildem Waldland gefunden wird und leicht mit etwas Blätterkompost zufriedengestellt ist. Gerard sagt, daß »Saubrot gemörsert und zu Kügelchen oder kleinen Küchlein bereitet, als eine gute Medizin gilt, die, innerlich angewandt, Liebe hervorruft«.

Die großartige Dame der Renaissance, Caterina Sforza, die Burgen einnahm und Cesare Borgia in Schach hielt, und ebensoviel über die Liebe wie über den Krieg wußte, glaubte, daß Saubrot Wunder für die Schönheit einer Frau tut – welches auch die Wirksamkeit des anderen Rezeptes erklären mag: Culpeper, der im siebzehnten Jahrhundert lebte, behauptete, daß die Wurzeln von *Asparagus saturis* in Wein gekocht und »nüchtern mehrere Morgen hintereinander genommen, die Fleischeslust in Mann oder Frau wachruft, was auch immer manche dagegen geschrieben haben«.

»Das ›süße Pulver‹ unserer Galane«, schreibt Evelyn, »ist in der Hauptsache aus den weißen abgestorbenen Teilen der Esche gemacht.« Die weiße Taubnessel, deren Blätter in Butter gedünstet köstlich schmecken, wurde als glückbringend für Liebende betrachtet, (wenn nicht sogar als Aphrodisiakum) weil, wenn man die Blume mit dem Kopf nach unten hält, die Staubfäden für alle Welt sichtbar wie zwei Liebende in einem Bett mit Vorhängen Seite an Seite liegen – daher ihr Name Adam-und-Eva.

Liebestrank

Die Verbreitung der islamischen Kultur im Mittelalter brachte, besonders nachdem die Mauren nach Spanien kamen, viel von der arabischen Magie nach Europa, selbst aus dem fernen Persien. Unter anderem einen Liebestrank. Er bestand aus Gewürznelken, Lorbeersamen, italienischer Distel und Spatzenwurz, die man in Taubenbrühe trinken mußte. Die Araber empfahlen auch das Bestreichen des männlichen Gliedes mit Pyrethrum, einer Droge aus den getrockneten Blütenköpfchen von Chrysanthemen (C. cinnerariifolium), und Ingwer in Fliedersalbe, und der weiblichen Teile mit Balsam aus Judäa. Quellwasser mit eingeweichten Weidensamen wurde in England sehr als Aphrodisiakum empfohlen, allerdings mit der Warnung, daß derjenige, der davon trinkt, keine Söhne, sondern nur »nutzlose, unfruchtbare Töchter« bekommt.

Die Bettkammer der Liebenden

Ein Brautgemach sollte zunächst ausgeräuchert werden, wird uns geraten, indem man Blätter und Früchte des Brombeerstrauches verbrennt – als magischen Schutz gegen alles Unheil, das dem jungen Paar durch enttäuschte Rivalen gewünscht wird. Das Ausräuchern sollte möglichst frühzeitig stattfinden, denn die Fenster dürfen natürlich nicht geöffnet werden, damit nicht die Kräfte des Rauches entweichen; und der Geruch von brennendem

Brombeergestrüpp gehört nicht gerade zu den allerlieblichsten. Dem wurde in früheren Zeiten durch süßduftende Kräuter entgegengewirkt, die man auf den binsenbedeckten Boden streute. Als für die Brautkammer am besten geeignet wurden Verbenen, Majoran und Sumpfstauden, Minze, Thymian, Baldrian und Veilchen angesehen, die alle der Venus

heilig waren, und Basilikum und Ginster, die dem Mars geweiht waren. Statt dessen konnte auch eine Schale mit einer Mischung aus diesen allen auf einen Tisch neben der Tür gestellt werden. Es wird gesagt, daß die Kräuter mit dem vierten Finger der linken Hand von jedem, der hereinkommt, umgerührt werden sollen, um ihren Duft zu verbreiten. Die Laken der Liebenden sollten mit Majoran parfümiert werden – Virgil sagt, daß Venus, als sie Ascanius in den Hain von Adalin entführte, ihn auf ein solches Bett legte, und sie muß es ja wohl wissen.

Mit Verbenen gefüllte Kissen wurden wegen ihres stark aphrodisisch wirkenden Duftes empfohlen. Doch es heißt »stark«, und so mag schon ein Zweiglein davon, zwischen die Daunen eines modernen Kissens gesteckt, wohl genügen.

Als zuverlässigster Talisman für Liebende sollte am Kopfende des Bettes eine Alraunwurzel aufgehängt werden. Die magischen Eigenschaften der Alraune gehen auf die Lehre der Symbolik zurück, denn sie ähneln der menschlichen Gestalt. Aber nur in den Mittelmeerländern wächst die Alraune wild, und es war schwierig und teuer, sie zu bekommen. Deshalb wurden diejenigen, die diesen Talisman begehrten, davor gewarnt, auf Fälschungen hereinzufallen, denn die Wurzeln der heimischen Bryonia konnten ihr mit einer kleinen Angleichung sehr ähnlich gemacht werden und wurden oft auf den Märkten als die echte Wurzel verkauft. Die Liebenden wurden auch davor gewarnt, die zerstoßene Alraunwurzel einzunehmen, denn sie hat eine narkotische Wirkung (tatsächlich kann einen zuviel davon in den ewigen Schlaf senken) und selbst eine geringe Menge kann ein Gefühl der Benommenheit hervorrufen, das der gewünschten Wirkung im Brautgemach entgegensteht.

Wenn wir bedenken, daß die Betten mit einem Baldachin versehen und mit Vorhängen gegen den Zug verhängt waren, muß das Paar mit den parfümierten Laken und Kissen und seinem Talisman in der Tat bestens für die Liebe vorbereitet gewesen sein.

Vorsichtsmaßnahmen

Verständlich vielleicht, daß in Zeiten, als alle Ehen »arrangiert« wurden, und die Aufmerksamkeiten eines Gatten oft besonders unwillkommen gewesen sein müssen, die mittelalterlichen Kräuterkundigen mindestens genau so darauf bedacht waren, Anti-Aphrodisiaka bereitzustellen.

Hildegard von Bingen, eine Nonne aus dem zwölften Jahrhundert, gibt folgendes Gegenmittel gegen die Wirkung der Alraune (die sie aus ganzem Herzen verabscheut): Man muß dazu sieben Schößlinge vom Ginster und die Wurzeln und Blätter von einem Storchenschnabel *(Geranium)* und zwei Malven pflücken, die in einem Mörser dann gepreßt, gerieben und zerdrückt werden (nur mit dem mittleren Finger), bis sie eine Paste bilden, die dann auf einen Lappen geschmiert und auf den Körper gebunden werden konnte; dadurch wurde die Wirkung der Alraunwurzel gänzlich aufgehoben.

Arabische Botaniker empfehlen als Anti-Aphrodisiakum einen Sud aus Hennablüten, oder von Zwiebeln mit Eigelb und Kamelmilch, oder von Kichererbsen und Honig.

Andere magische Kräuter besaßen offenbar einen dauerhafteren Effekt: eine Frau, die Roten Salbei in Weißwein gekocht trank, konnte nie empfangen. Auch nicht, wenn sie eine Biene aß.

Wenn Untreue vermutet wird, kann der betrogene Gatte gewisse Gegenmaßnahmen ergreifen. Plutarch sagt, das weiße Schilfrohr, das man gerade vor Sonnenaufgang in einem Flusse pflückt und in dem

Schlafzimmer der Frau ausstreut, würde den Ehebrecher zum Wahnsinn treiben und seine Schuld bekennen lassen. (Als typisch männlicher Chauvinist nahm er es offenbar als selbstverständlich an, daß die Frau der schuldige Teil sei.)

Um eine Frau während seiner Abwesenheit vor Untreue zu bewahren, empfiehlt Arnold von Villanova (frühes vierzehntes Jahrhundert) dem Ehemann, zwei Hälften einer Eichel in das Kissen zu legen (auf die gleiche Weise konnten aber auch abgewiesene Rivalen den ehelichen Beischlaf verhindern). Netterweise fügt Villanova hinzu, daß die Liebenden dem Langzeit-Effekt auf jeden Fall entgegenwirken können, indem sie die beiden Hälften zusammenfügen (falls sie sie finden können). Sie müssen sie dann sechs Tage lang aufbewahren, dann muß jeder eine Hälfte essen.

Wenn die Liebe nicht nur über jeden Schlosser, sondern auch über die Zauberei triumphiert und selbst die vorsichtigsten Gatten befürchten müssen, betrogen zu werden, dann wird die Alraunwurzel wieder zur Hilfe geholt. So kann denn ein milder Aufguß von pulverisierter Alraunwurzel das brechende Herz durch eine wohltätige Nachtruhe retten. Shakespeare bezweifelt das. Zu seiner Zeit wurde den Mauren nachgesagt, daß sie mehr über Magie wußten, als irgendwer sonst. So glaubt auch Desdemonas Vater, daß Othello ihre Liebe »mit Zaubertränken, ihrem Blut verderblich« oder anderen dunklen Künsten gewonnen habe. Aber als erst einmal die Saat des Zweifels in Othellos Hirn eingepflanzt ist, kann Jago ihm zuflüstern:

»Not poppy nor mandragora
Nor all the drowsy syrups of the world
Shall ever medicine thee to that sweet sleep
Which thou ow'dst yesterday.«

»Mohnsaft nicht, noch Mandragora,
Noch alle Schlummerkräfte der Natur,
Verhelfen je dir zu dem süßen Schlaf,
Den du noch gestern hattest.«

Die Erde

Ich hasse es, wenn das Wort »erdig« im Sinne von »dreckig« gebraucht wird. Erde ist sauber und sie ist schön, und Hände (und auch Stiefel), die damit bedeckt sind, sind nur so, wie sie sein sollten. Ich finde es herrlich, an einem warmen Tag meine Hände in die Erde zu stecken und zu fühlen, wie lebendig sie ist – so lebendig wie jede Blume und jedes

Tier, sie pulsiert beinahe. Ich liebe es, ihr Nahrung zuzuführen, und mein Gewissen, das mich manchmal daran hindert, Pflanzen zu kaufen, die ich gerne hätte, kann nicht ein Wörtchen anbringen, wenn es sich darum handelt, Dünger zu kaufen.

Die Leute sagen, daß Hühnerdung zu scharf sei, aber das liegt nur daran, daß sie zu ungeduldig sind, um ihn lange genug aufzubewahren. Lagern Sie ihn zwei Jahre immer abwechselnd mit einer Schicht Holzasche, und es gibt nichts Besseres.

Ein Komposthaufen ist eine feine Sache. Sogar in unserem zwanzig mal zwanzig Fuß großen Garten in London hatte ich einen sehr kleinen Haufen, in dem ich dauernd herumstocherte auf der Suche nach den »roten flachschwänzigen Köderwürmern«, von denen das Buch sagte, daß sie darin zu finden sein sollten. Aber meine Würmer waren niemals besonders rot und ihre Schwänze meist spitz. Ich fand, daß Kartoffelschalen viel länger als der Rest brauchten, um zu verrotten, und sogar den Vorgang insgesamt zu verlangsamen schienen. Darauf tat ich sie in eine hölzerne Kiste daneben, woselbst sie in kürzester Zeit gänzlich verfaulten. Als ich merkte, daß köstlicher Mulch zwischen den Brettern hindurchsickerte, legte ich ein Tablett unter einen Teil der Kiste, das wie eine Schublade herausgezogen werden konnte. Und so ergab der Mulch, mit der gleichen Menge Wasser verdünnt, einen herrlichen flüssigen Dünger.

Eine Brieffreundin aus Schottland schrieb mir, daß ihre Mutter mehr Speisen, als sie je ihrer Nachkommenschaft zukommen ließ, auf den Markkürbis zu verschwenden pflegte, mit dem sie einen Preis zu gewinnen hoffte. Sie stand in heftigem Wettstreit mit dem Pfarrer der Episkopalkirche der Nachbargemeinde und meinte, der Pfarrer wäre mit Hilfe des Gebetes sowieso im Vorteil. Als sie den Preis dann trotz allem gewann, erklärte die Mutter zufrieden: »Beten ist ganz gut, aber es geht eben nichts über Hackfleisch!«

Eine etwas makabre Geschichte wurde mir von einem anderen Vikar erzählt, der lange Zeit das Geheimnis nicht preisgeben wollte, wie er so fabelhafte Rosen zog. Bis ihn schließlich einige Damen seiner Gemeinde in die Enge trieben und durch Einschüchterung dazu brachten einzugestehen: »Ich vergrabe eine Katze unter jedem Rosenstrauch.«

Schutz für den Garten

Wenn ein Garten immer in der einen oder anderen Weise das Gemüt und den Geist des Gärtners zum Ausdruck bringt, ist es da zu abwegig zu glauben, daß etwas von dem Frieden, den wir in alten Gärten finden, von den Maßnahmen herrührt, die unternommen wurden, um ihn zu schützen? Mit größter Sorgfalt wurde darauf geachtet, daß kein Unheil hineingelangen konnte. Die Beschwörung dunkler Mächte für unsere eigenen Zwecke ist ganz gut und schön, aber niemand möchte die okkulten Geister wehen lassen, wo sie wollen.

Gelegentlich, wenn man einen sehr alten mit einer Mauer umgebenen Garten betritt, sieht man über der Tür einen in Stein gehauenen Pferdekopf. Das ist ein Überbleibsel eines Glaubens aus der Römerzeit. »Manche pflegten in den Garten den Schädel einer gedeckten Stute oder Eselin zu hängen«, schrieb Topsell im Jahre 1607, »in der Überzeugung, daß der Garten dadurch fruchtbar würde.« Plinius war sogar der Meinung, daß dadurch die Raupen ferngehalten würden.

Ein »Heilmittelgarten« hatte manchmal über dem Tor das alte Zeichen der Verschwiegenheit eingeritzt, eine geöffnete Rose mit zwei Knospen darüber, um die Geheimnisse des Kräuterkundigen zu bewahren.

In den Mauerritzen wurde der Hauswurz gefördert, um das Glück des Gartens zu schützen und den Blitz abzuhalten. Wenn der moderne Gärtner beim tiefen Umgraben auf einen alten irdenen Topf stoßen sollte, kann es sehr wohl bedeuten, daß jemand den Rat des Plinius befolgte und darin eine Kröte begrub, um Sturm und Hagel abzuhalten.

Die Altvorderen pflanzten Lorbeer gegen den Blitz – ein sicherer Schutz, wie uns der aus dem dreizehnten Jahrhundert stammende Bartholomäus versichert. Wenn der Lorbeer hingegen das Haus verdunkelt, ist es eher wahrscheinlich, daß er gepflanzt wurde, um die Neugier der Nachbarn zu hindern. Oder, wie bei einem Onkel von mir in Irland, der verhindern wollte, daß die Dienerschaft ihre Zeit beim Zusehen vertrödelte, wenn im Garten Tennis gespielt wurde.

Auch früher schon glaubten die Leute, daß die Bäume selbst des Schutzes bedurften. Ein guter christlicher Mönch, der Abt von Beauvais aus dem dreizehnten Jahrhundert, riet dazu, Korallen in einen Apfelbaum zu hängen, um ihn gegen Unwetter zu schützen. Wahrscheinlich hätte er eines dieser kleinen Stücke gewählt, die ein natürliches Kreuz bilden. Andere schlagen vor, daß, wenn ein Apfelbaum gepflanzt wird, der Name von Asmodeus, dem Teufel, der Eva in Versuchung führte (es sei denn, Sie glauben, daß es die Teufelin Lilith war), auf die Erde geschrieben und mit einem Kreuz ausgestrichen wird. Apfelmost pflegte als Trankopfer über die Wurzeln der Apfelbäume gegossen zu werden, und der Dichter Herrick berichtet von der Sitte, am Weihnachtsabend auf das Wohl aller Obstbäume zu trinken:

> »Denn je mehr man ihm zutrinkt,
> Desto mehr Ertrag er erbringt.«

Auf alten Eichen, dem heiligen Baum der Druiden, wurde das keltische Zeichen eines in vier Teile geteilten Kreises zum Schutz eingeschnitzt (damit die Eiche nicht umfiel), lange nachdem die Religion der Druiden schon vergessen war.

In gleicher Weise werden einige altmodische Gärtner noch immer eine besondere Pflanze als »Glücksbringer« pflanzen, deren ursprüngliche magische Bedeutung sie längst vergessen haben: Verbenen zum Beispiel, die von den alten Sachsen als sicheres Mittel gegen Sturm und Hagelschlag angesehen wurden, wie uns das alte Arzneimittelbuch von Bald und Cild aus dem neunten Jahrhundert versichert.

Tiere im Garten

Diejenigen, die mit der Zauberkunst vertraut waren, hätten nie ein buntscheckiges Tier in ihren Garten gelassen, wie zum Beispiel eine gefleckte oder gestreifte Katze oder einen schwarzweißen Hund. Dieses Tabu wird vermutlich von Genesis XXX und XXXI abgeleitet, worin buntscheckige Tiere als unrein betrachtet werden. Der moderne Gärtner wird es wahrscheinlich höflicher finden, solch abergläubische Ansichten vorzuschützen, wenn er seinen Nachbarn darum bittet, besser auf seinen Hund oder seine Katze zu achten. Zwar gerät er möglicherweise in den Ruf einer gewissen Exzentrizität, aber er kann den Nachbarn den Vorwurf ersparen, sie hätten ihren Liebling nicht gut erzogen. Das Tabu betraf zum Glück nicht die Vögel, außer der Elster, die sich über diese Einschränkung aber spöttisch hinwegsetzt.

Denjenigen, die Bienenstöcke hatten, wurde gera-

ten, Wacholder im Inneren aufzuhängen und »alles mit Fenchel, Ysop und Thymianblüten auszureiben, ebenso den Stein, auf dem der Bienenstock stehen sollte« (Gervase Markham), denn solches wird die Bienen dazu bringen, »ihren Stock zu lieben und gerne heimzukehren«. Dies ist ein bemerkenswertes Beispiel, wie gesunder Menschenverstand mit magischer Bedeutung versehen wird, denn das Ausreiben der Bienenstöcke mit diesen Kräutern reinigt sie zum einen und versieht sie außerdem mit dem Duft, nach dem die Bienen ausfliegen. Übrigens sollte für Bienen immer bezahlt werden, denn während man von gestohlenen Pflanzen (besonders im Fall von Gartenraute) sagt, daß sie am besten gedeihen, trifft dies auf Bienen nicht zu. Und falls Sie sehr von ihnen gestochen werden, beklagen Sie sich nicht zu laut darüber, denn es ist bekannt, daß sie die Hurer am meisten stechen.

Dem Eigentümer eines Taubenschlages oder Taubenhauses wurde geraten, in ihm auch bestimmt den Kopf eines Wolfes aufzuhängen, so daß weder »Katze, Wiesel noch irgend etwas, das ihnen schaden kann, hineinkommen kann« (Lupton). Wie so oft bei der Magie mag es der heutige Praktiker als schwierig empfinden, diesem Rat zu folgen. Vielleicht genügt statt dessen die Maske eines Fuchses.

Wenn man durch den Garten wandelt

Von französischen Botanikern wurde es als unheilbringend betrachtet (wenn es glücklicherweise auch nur selten vorkam), eine Aloe in Blüte zu sehen. Außer am Abend, wenn es als glücksbringend galt, bedeutete es Unheil, eine Spinne zu sehen, und beim Eichhörnchen zu jeder Zeit. Erblickte man eine Spinne beim Spinnen, hieß es, daß jemand gegen einen intrigierte. Wenn man einen Kuckuck singen sah, bedeutete es, daß man gerade zum Hahnrei gemacht wurde, gemacht worden war oder gemacht werden würde.

Gerard gibt sehr genaue Auskunft darüber, was man aus Galläpfeln herauslesen kann, die, »gebrochen in der Zeit des Verdorrens, den Ablauf des Jahres voraussagen«. Besonders die Bauern von Kent glaubten den Vorzeichen: »Wenn sie eine Ameise finden, sagen sie eine große Getreideernte

voraus; wenn eine Spinne, sagen sie, werden wir
eine Pest unter den Menschen erleben; wenn einen
weißen Wurm oder eine Larve, dann prognostizie-
ren sie Maul- und Klauenseuche unter den wilden
Tieren und dem Vieh.« Lupton geht sogar noch
weiter: »Wenn der kleine Wurm davonfliegt, bedeutet es Krieg: wenn er kriecht, sagt er eine geringe
Ernte voraus, und wenn er sich umdreht, so steht
eine Seuche bevor.«

Es wurde stets als ganz ungefährlich angesehen,
beim Gehen die mit Gartenduft erfüllte Luft einzu-
atmen, denn diejenigen Pflanzen, die vom Bösen
besessen sind, halten sie bei sich, während sie wachsen; aber es hieß, daß man um keinen Preis unter
einem Efeubaum ausruhen und einschlafen sollte,
denn das könnte den Tod bedeuten.

Seuchen

Die Garten-Klassiker geben einen reichen Schatz an
Erfahrungen weiter, wie man solche Schädlinge wie
Schlangen, Skorpione und Lindwürmer fernhält,
aber wenig darüber, wie man mit den gewöhnlichen
Schädlingen fertig wird. Um Wespen zu vernichten
rät uns eine Autorität dringend an, einer Wespe einen Faden um ein Bein zu wickeln und ihr zu folgen, während sie nach Hause fliegt, und dann das
Nest zu zerstören. Ein viktorianischer Autor behauptet, daß man jede Wespe, die man findet, »töten kann, indem man sie mit einer in ein wenig
Olivenöl getauchten Federspitze bestreicht«. Um

das Problem etwas praktischer anzugehen, hänge man ein Gefäß mit ein wenig Bier oder Zuckerwasser in Obstbäume oder -büsche oder unter die Pergola, unter der man sitzt, und lasse die Wespen nach ihrem Belieben Selbstmord begehen.

Um Raupen in den Obstbäumen loszuwerden, entzünde man Feuer auf der Windseite des Obstgartens; viele werden sich aufrollen und abfallen, aber sie sind dann noch lebendig, so daß man sie anschließend auffegen und vernichten muß.

Viele Leute machen sich Sorgen, daß das Schneckenpulver, das sie kaufen, Ingredienzien enthält, die für die Vögel giftig sein könnten. Am sichersten ist es, etwas Kleie oder ein Stückchen Orangenschale auf die Erde zu legen und mit einem Kohlblatt zu bedecken, das man gegen den Wind mit einem Zweiglein feststeckt. Die Schnecken werden zu dem Köder kriechen und fröhlich fressend unter dem Blatt bleiben, bis Sie am Morgen kommen, das Blatt umdrehen und die Schnecken mit Salz oder Kalk beträufeln, was sie abtötet.

Von Tauben heißt es, daß sie von einer roten Flasche, die auf einen Stock gesteckt wird, abgehalten werden. Ich kann nicht dafür einstehen, aber meine Freundin schwört mir, daß es stimmt.

Um Mäuse davon abzuhalten, sich an Ihren frisch gesäten Erbsen gütlich zu tun, stecken Sie abgeschnittene Stechpalmen in die Saatrinne, das hilft unfehlbar.

Nach demselben Prinzip steckt man Brombeerzweige in Maulwurfgänge, die sie nicht mehr benutzen (das Dumme ist nur, daß sie nach meiner Erfahrung dann andere wühlen). Versenken Sie leere

Bier- oder Limonadenflaschen so in die Gänge, daß nur noch die Hälse herausschauen. Der Wind bringt dann fürchterliche Geräusche hervor, vor denen die Maulwürfe erschrecken. Spätestens wenn es in Ihrem Garten heult, als wäre ein Hexensabbat von Trauerweibern versammelt, werden die Maulwürfe zu dem Schluß kommen, daß die ganze Gegend von Geistern heimgesucht ist, so daß sie in Maulwurfkreisen auch für kommende Generationen in einen schlechten Ruf gerät.

Sie können Reiher von Ihrem Fischteich fernhalten, indem Sie in 20 Zentimeter Höhe einen Draht darum spannen. Der Vogel landet nicht im Wasser, sondern watet hinein und ist nicht in der Lage, über den Draht hinwegzutreten. Er kann so dünn sein, wie Sie mögen, und braucht nicht häßlich auszusehen.

Eine Kreatur, die Sie unbedingt im Garten haben sollten, ist eine Kröte. Kein Gewächshaus oder Gurken- oder Melonen-Frühbeet sollte ohne eine

solche sein. Sie wird Ihnen behilflich sein, indem sie schädliche Insekten frißt, deshalb geben Sie ihr einen Gefährten, damit sie sich nicht langweilt. Auch Sie werden feststellen, daß Krötenaugen kostbaren Juwelen gleichen, wie Shakespeare in ›Wie es euch gefällt‹ sagt.

Im Geräteschuppen

Die Alten rieten, daß immer Schafgarbe »zur Sicherheit« im Geräteschuppen hängen sollte; und so kam es dazu, daß man glaubte, daß die Pflanze den Schuppen vor Dieben schützte. Dies ist wieder ein wunderbares Beispiel dafür, wie oft sich Vernunft in der Magie verbirgt: Schafgarbe stillt Blut – in Frankreich ist sie als Zimmermannskraut bekannt. Welchen besseren Grund könnte es geben, ein Bündel davon griffbereit im Schuppen hängen zu haben? Die Alten empfahlen auch, daß die Schafgarbe um die Griffe der Geräte für die Arbeit draußen gewickelt werden sollte.

Wenn man in fremden Gärten bei der Arbeit hilft, ist man oft erstaunt über das merkwürdigste Werkzeug in den Geräteschuppen. Ich selbst bin oft nach dem Zweck eines gebogenen Stückes Draht von einem alten Kleiderbügel gefragt worden, das an einer langen Stange in meinem Schuppen war. Dabei hat es keinen schlimmeren Zweck, als daß es genau in meine Dachrinne paßt, so daß ich bequem rund um das Haus gehen kann, um die Blätter und Nadeln daraus zu entfernen. Wer abergläubisch ist, bewahrt unter den Werkzeugen auch einen großen eisernen Nagel auf; denn nur ein Eisennagel eignet sich dafür, bestimmte Wurzeln für magische Zwecke auszugraben, und die Arbeit mit einem kleinen Nagel kann doch sehr ermüdend sein. Aber oft werden Werkzeuge, insbesondere Messer verlangt, die *nicht* aus Eisen gemacht sind. Vermutlich datiert dies noch aus den ganz alten Zeiten. Damals wurde Eisen noch als neumodisch und ziemlich gewöhnlicher Kram betrachtet, so wie wir heute die Plastiksachen ansehen, während der Feuerstein noch geachtet wurde.

Zum Schneiden der Mistelzweige benötigte man unbedingt ein goldenes Messer oder eine Sichel. Ein Rinderhorn und ein Knochen waren weitere Gerätschaften, die man dort brauchte, wo Eisen nicht verwendet werden durfte.

Viele dieser Werkzeuge haben natürlich einen wirklich praktischen Nutzen. Kürzlich, als ich versuchte, die Wurzeln einer Pflanze, die zu groß geworden war, auszugraben, ohne den halben Steingarten abzuräumen, merkte ich, daß solch ein schönes gekrümmtes Rinderhorn genau das Werkzeug war, das ich benötigte, um damit unter den Steinen zu stochern.

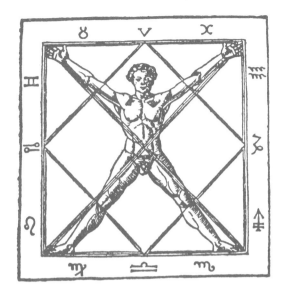

Bei der Arbeit

Den Phasen des Mondes wurde von den Gärtnern immer große Aufmerksamkeit geschenkt. Und dies nicht nur, weil er die Pflanzen beeinflußt, sondern weil auch der Mensch bei zunehmendem Mond weiser ist (wie Michael Scot im dreizehnten Jahrhundert festgestellt hat). Deshalb muß alle Arbeit, die Nachdenken erfordert, wie das Planen eines Entwurfs, dann verrichtet werden. Auch muß man den Tierkreiszeichen Beachtung schenken, ob man nun sät, pflanzt oder ein Kraut pflückt, indem man die Arbeit möglichst dann ausführt, wenn sie unter einem für die Pflanze günstigen Zeichen steht. Verbenen *(Verbena officinalis)* zum Beispiel sind besonders der Venus heilig (wie alle Pflanzen, die für

Liebestränke und dergleichen gebraucht wurden). Man glaubte deshalb, hin und wieder die Stellung der Planeten beachten zu müssen.

Alle sich wiederholenden Arbeiten im Garten sollten am besten neun oder sieben Mal ausgeführt werden, oder im Vielfachen dieser Zahlen, die in den ältesten Überlieferungen magisch sind. Die Drei wurde erst mit dem Aufkommen des Christentums magisch, da sie die Dreifaltigkeit repräsentiert; und in der christlichen Magie wird die Neun als drei mal drei betrachtet.

Wird eine Pflanze von besonderer Bedeutung gezogen, wie z. B. die Alraune, sollte dazu die von Maulwürfen, Ameisen oder Käfern aufgeworfene Erde genommen werden, oder auch von der Erde zwischen den Wagenfurchen. Es braucht den Magie-Enthusiasten nicht zu beunruhigen, daß letztere Empfehlung vielleicht daher rühren mag, daß die Erde zwischen den Wagenspuren wahrscheinlich besonders gut gedüngt ist. Um Pflanzen für Liebestränke zu ziehen, war laut Plinius die Erde besonders wertvoll, die man unter seinem rechten Fuß wegnahm, ganz gleich, wo man gerade stand, wenn man das erste Mal im Jahr den Kuckuck rufen hörte – speziell vielleicht für mögliche Ehebrecher.

Wer immer Garten-Magie ausübte, sei es berufsmäßig oder für den eigenen Gebrauch, fand bald heraus, daß die Vorräte ständig zu den unpassendsten Jahreszeiten zur Neige gingen. Alle Wurzeln, die in der Magie Verwendung finden, können jedoch getrocknet werden. Vermutlich hielten sich die berufsmäßigen Magier stets einen Vorrat, der gereinigt und sorgsam beschriftet war. Wenn ein

Kunde für eine Wurzel zu zahlen vergaß, pflanzte
der Gärtner sofort an derselben Stelle eine neue,
denn dadurch verschlimmerten sich noch die Be-
schwerden des Kunden, bis das Geld übergeben
war.

Aussaat

Seit jeher wurden beim Säen die Phasen des Mondes
als besonders wichtig angesehen. Gesät sollte nur
bei zunehmendem und nie bei abnehmendem Mond
werden. Diese Regel ist jetzt bekanntlich wissenschaftlich bestätigt, aber ich bekenne mich zu einer
gewissen sentimentalen Anhänglichkeit an die Vorstellung, daß die damit verbundenen Kräfte magischer Natur sind. Selbst wenn inzwischen die
Astronauten auf dem Mond herumgesprungen sind,
und Trümmer der amerikanischen Raumfahrtaus-
rüstung dort herumfliegen, so scheint dennoch über
meinem Garten (und über dem Ihrigen sicher auch)
der Mond noch seinen Zauber auszustrahlen. Nebenbei gesagt: Man weiß nie, ob nicht die weisen
Männer von heutzutage die alten Magier einholen
werden.
Bestimmte Samen, meinten die Alten, brauchen
besondere Vorsichtsmaßnahmen in bezug auf den
Mond. »Merke Dir«, besagt Holinsheds Version des
Plinius, »wieviele Tage alt der Mond war, als im
letzten Winter der erste Schnee fiel; denn sät man
Raps und Rüben im Frühjahr beim gleichen Stand
des Mondes aus, werden sie zu wundersamer Höhe

heranwachsen und ungewöhnlich gedeihen.« (Während der zwölf Jahre, die ich in Rom verlebte, schneite es freilich nur ein einziges Mal, und die Bewohner der Stadt verbrachten ihre Zeit damit, auf Tabletts die Stufen der amerikanischen Botschaft herunterzurodeln. Aber vielleicht hat es in den heroischen Zeiten des Plinius öfter geschneit.

Petersilie muß unbedingt aus Samen gezogen werden und darf niemals verpflanzt werden. Alle sind sich darin einig. Eleanour Sinclair Rhode zitiert in ›Herbs and Herb Gardening‹ ein französisches Sprichwort, das lautet: *»Repiquer le persil, repiquer sa femme.«* Sie zitiert ebenfalls alte Sprichwörter von der Schwierigkeit, Petersilie selbst von Samen zu ziehen: sie braucht so lange zum Keimen, weil sie neunmal zurück zum Teufel geht. Aber das kann man verhindern, indem man am Karfreitag aussät. Nehmen Sie niemals ein Haus mit einem angewachsenen Garten, in dem keine Petersilie wächst, oder Sie werden das Ende des Jahres nicht mehr erleben.

Die Schwierigkeit für den vorherigen Besitzer mag natürlich darin gelegen haben, daß es eines ehrlichen Mannes bedarf, um Petersilie zu ziehen. Oder vielleicht war ihm bewußt, daß derjenige, der mit Erfolg Petersilie zieht, keine Söhne, sondern nur nutzlose Töchter bekommt. Alles in allem scheint es für einen Mann sicherer zu sein, seine Frau die Petersilie aussäen zu lassen. Und tatsächlich gibt es ein anderes Sprichwort, das besagt, daß da, wo sie gut gedeiht, der Mann im Haus die Hosen anhat.

Kreuzkümmel scheint besonders widerborstig zu sein, denn wenn man ihn sät, soll man ihn tief eindrücken und ihn beschwören, nicht herauszukommen. Was er dann prompt tut.

Pflücken und Ernten

Bevor man eine Pflanze pflückt oder ausgräbt, sollte sie immer »gegrüßt« werden und man sollte ihr sagen, für welchen Zweck und wenn möglich, für wen sie gebraucht wird, um sie so zu besänftigen und sich ihrer Mitarbeit zu versichern. Moderne Forscher, die behaupten, daß die Reaktion der Pflanzen auf rauhe Behandlung oder sogar auf harte Worte wissenschaftlich bewiesen werden kann, würden

wahrscheinlich zugeben, daß dies eine weise Vorsichtsmaßnahme ist. Man sollte dreimal auf die Pflanze spucken, die man pflücken will, und sie darf niemals den Boden berühren. Da scheint die Meinung vorzuherrschen, daß ein vom Boden aufgehobenes Teil wie ein Stück Aas ist, unheilig und kraftlos. Man sollte beim Ernten niemals in den Wind sehen, noch sich hinterher über die Schulter nach der Pflanze umdrehen.

Wird eine Pflanze mit der Hand gepflückt, so heißt es, daß es gewöhnlich besser sei, und manchmal sogar sehr sehr wichtig, daß es mit der linken Hand geschieht, eventuell sogar mit dem Daumen und dem vierten Finger der linken Hand – je stärker in manchen Pflanzen die Kraft der Magie ist, desto empfindlicher sind sie unter Umständen. Ein Manuskript aus dem sechsten Jahrhundert rät, einen Spiegel über ein Kraut zu halten, bevor es gepflückt wird, und zwar vor Sonnenaufgang bei abnehmendem Mond. Man sollte außerdem keusch, ungegürtet und barfuß sein und keinen Ring tragen. Blumen für einen Strauß soll man schneiden, bevor die Sonne auf sie scheint. Braucht man Pflanzen für magische Zwecke, sollte die Sonne überhaupt noch nicht aufgegangen sein. Im Fall, daß man Pfingstrosen pflückt oder ihre Wurzeln ausgräbt, ist dies absolut lebenswichtig, sagt Plinius, oder der Specht des Mars könnte einem die Augen auspicken.

Einige Pflanzen erfordern anspruchsvollere Rituale als andere, damit ihre Wirksamkeit voll entfaltet wird. Will man Camellia zur Heilung von grauem Star benutzen, muß man ihr, bevor man sie vor Sonnenaufgang pflückt, nur sagen, daß man sie be-

nötigt »für das weiße Gewächs im Auge«. Aber damit Kreuzkraut gegen Zahnschmerzen wirksam wird, muß man die Wurzel ausgraben ohne ein Eisen zu benutzen, den Zahn dreimal damit berühren und sie dann sofort wieder einpflanzen. Glücklicherweise kann dies bei Tageslicht geschehen, so daß es weder für den Patienten noch für den Gärtner nötig ist, vor Morgengrauen auf zu sein. Beim Pflücken von Mistelzweigen spielt die Tageszeit keine Rolle (was ein Glück ist, denn es mag schwierig genug sein, den Baum überhaupt zu erklimmen, ohne es auch noch bei Dunkelheit tun zu müssen). Aber Sie müssen zuerst zwei Ochsen darunter opfern, dürfen nur Ihr goldenes Messer oder Sichel benutzen und müssen den Mistelzweig auf einen darunter ausgebreiteten weißen Umhang fallen lassen.

Die meisten von uns schneiden wohl öfter Salat als Mistelzweige und versäumen dabei wahrscheinlich nur allzu oft, dabei ein Kreuz zu schlagen. Ein

Buch von St. Gregor dem Großen, das angeblich von König Alfred übersetzt wurde (zwei bestimmt sehr respektable Autoritäten), enthält eine heilsame diesbezügliche Warnung. Eine Magd, die in einem Klostergarten vergaß, das Kreuz zu schlagen, wurde daraufhin vom Teufel besessen. Nach der Austreibung beschwerte sich der Teufel: »Ich habe nur auf dem Salat gesessen, und sie kam und aß mich.«

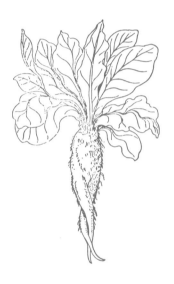

Die Alraune

Die größtmöglichen Vorsichtsmaßnahmen müssen dann ergriffen werden, wenn eine Alraunwurzel ausgegraben werden soll. Aber zunächst etwas darüber, wie sie wächst. Viele Menschen glauben, daß sie so mystisch wie der Phönix ist. Der botanische Name lautet aber *mandragora officinarum var. ver-*

nalis und sie wird in Griechenland, rund um den östlichen Teil des Mittelmeeres und von Nordafrika bis Spanien wildwachsend gefunden. Die Illustrationen davon in alten Kräuterbüchern sind oft, so wie die von Rhinozeros oder Kamel in Tierbüchern aus derselben Zeit, von Künstlern gemacht, die sie selbst nie gesehen haben. In Wahrheit wächst sie wie eine große Rosette fast flach am Boden mit langen Blättern und sehr kurzstieligen bläulich-purpurnen becherförmigen und süßduftenden Blüten. Die Früchte, die der Blüte folgen und im Herzen der Rosette sitzen, sind gelb und ungefähr von der Größe und Konsistenz einer kleinen Tomate. Für den gewöhnlichen Gaumen recht unangenehm, aber offenbar kann man sich an den Geschmack gewöhnen, denn es heißt von den dortigen Kindern, daß sie sie sogar in solchem Übermaß genießen, daß dadurch eine Erweiterung der Pupillen und Kopfschmerzen hervorgerufen werden. Normalerweise spucken sie den Samen aus, welcher, wenn er geschluckt wird, zu zeitweiligem Wahnsinn, gefolgt von Katatonie führt, aber nicht tödlich ist. Samen und die zerstoßene Wurzel wurden früher in der Medizin als Betäubungsmittel verwendet, und von denen mit Borgia-artigen Neigungen als Gift (obwohl es schwierig gewesen sein muß es einzugeben, da man es kaum als etwas bezeichnen kann, das »geschmacksneutral« im Tee ist oder, für jemanden mit feinerem Geschmack, im Wein). Aber der hauptsächliche Wert in kommerzieller Hinsicht scheint immer der eines Talismans gewesen zu sein.

Die Wurzel geht extrem tief in die Erde, sicherlich eineinhalb Meter tief. Die Griechen glaubten sogar, daß man bis hinab in den Hades stürzen könnte, wenn man in das aufgegrabene Loch fiel. Im allgemeinen wird uns angeraten, einen Kreis auf dem Boden rundherum zu ziehen, und einige Experten bevorzugen dafür Elfenbein oder ein Rinderhorn. Andere sagen, daß der Boden in Abständen während dreier Monate mit Honigwasser getränkt werden solle (ein Teil Honig mit achtzehn Teilen Wasser aufgekocht), »um die Erde zu besänftigen«. Denkbar, daß das die ganze Arbeit erleichterte, aber nunmehr mußte die Wurzel ohne jeglichen Gebrauch von eisernem Werkzeug ausgegraben werden. Um die Wurzel nicht zu beschädigen, mußte unendliche Sorgfalt angewandt werden, denn sie mußte in der als Mann oder Frau erkennbaren Form herauskommen.

Das eigentliche Herausziehen mußte bei Sonnenuntergang erfolgen. Nur, wenn sie nicht zu heftig gezogen wird, stößt sie auch nicht den fürchterlichen Schrei aus, der Menschen zu Stein erstarren läßt. Jedoch wird einem geraten, einen Hund am oberen Ende der Wurzel anzubinden, während man sie herauszieht, damit der Teufel in den Hund fährt. Einige Autoritäten verlangen sorgfältig ausgearbeitete Beschwörungsformeln, andere hinwiederum meinen, daß »Im Namen von Gott, dem Herrn Zebaoth« genüge. Das Loch sollte anschließend mit süßen Früchten gefüllt werden, da sonst dort nichts mehr gedeihen würde. Das hinwieder wäre ein Jammer, denn in Anbetracht ihres natürlichen Standortes hatte sie bestimmt einen bevorzugten Platz beansprucht, mit voller Südsonne und möglichst in leichter, sandiger Erde zum leichteren Herausziehen. Die Wurzel sollte mit allem gehörigen Respekt behandelt und eingehüllt aufbewahrt werden, denn einige sagen, daß sie der wahre Ursprung der Menschen sei. Paracelsus verneint dies, hält es aber für nicht unwahrscheinlich, daß ein Mensch, zumindest aber ein Homunculus vielleicht doch daraus erzeugt werden könnte.

Vorkeimen

Bevor Sie sehr harte Samen aussäen, die schwierig zum Keimen zu bringen sind, streuen Sie sie auf einen Bausch von mehreren nassen Papierküchentüchern und bewahren Sie sie auf einem Tablett oder dem Deckel einer Blechdose auf. Stets feucht halten und vor einem hellen Fenster aufstellen, bis sie zu keimen beginnen, und sie dann in die Erde einwässern.

Wenn Sie eine Furche für Bohnen vorbereiten, besonders in leichtem Boden, legen Sie den Grund der Furche mit einer dicken Lage Zeitungspapier aus, um die Feuchtigkeit zurückzuhalten. Schriftsteller können für denselben Zweck die abgewiesenen Manuskripte verwenden.

Spritzen

Mehltauanfällige Pflanzen können mit Erfolg gelegentlich mit einem Absud aus Holunderblättern gespritzt werden. »O gäbe uns doch eine Himmelsmacht die Fähigkeit, die schwarzen Flecken für immer zu vertilgen, aber ich weiß von keiner.«

Rosen beschneiden

Tun Sie es nicht. Zumindest nicht so viel, wie Sie denken, daß nötig wäre.

> There was an old man of Calcutta
> Whose die-back when pruning was utter.
> No die-back he found
> With tips bent to the ground,
> That wily old man of Calcutta.

> Einst beschnitt ein Mann aus Calcutta
> seine Rosen, doch die gingen kaputter.
> ›Zweigspitzen in den Sand
> setzt die Rosen instand‹,
> sagt schließlich ihm seine Mutter.

Ein indischer Korrespondent der ›Rose Society‹ gab uns diese Information (in Prosa) weiter. Obwohl wir hier nicht dieselben klimatischen Bedingungen haben, ist der Ratschlag gut. Der Grund des Zurückschneidens besteht darin, eine Pflanze davon abzuhalten, zu groß und schwach zu werden, unten kahl und mit neuen Blütentrieben nur an der Spitze. Wird ein neuer Trieb gleich im Januar oder Februar zum Boden gebogen, wird er aus allen Augen die ganze Länge hoch austreiben. Junge federnde Triebe sollten dafür ausgewählt werden. Das ist besonders wichtig für alte Rosensorten, für moderne Buschrosen und selbst Floribundas wie Chinatown und Iceberg. Der einzige Nachteil, den ich sehe, besteht darin, daß die neuen Triebe nach oben zeigen, wenn der Trieb von der Basis her nach außen gebogen wird (was am leichtesten geht). Wenn sie dann im April losgebunden werden, ist in der Mitte des Busches zu viel neuer Wuchs. Deshalb sollten solche Zweige ausgewählt werden, die hindurchgesteckt und über den unteren Teil gebunden werden können, so daß nach dem Losbinden die Triebe der Pflanze nach außen zeigen. Aus alten Drahtkleiderbügeln können lange Spieße mit einem Haken am Ende gebogen werden, mit denen man die Zweige am Boden befestigen kann.

Über das Pflücken

Eines der besten Beispiele für die Vernunft alter magischer Vorschriften ist jegliche Warnung, daß es unheilbringend sei, eine bestimmte Pflanze zu pflücken. Es gibt immer einen guten Grund. Und es ist eine Tatsache, daß die Warnung, etwas sei unheilbringend, sich dem Gemüt viel besser einprägt als die diversen wahren Erklärungen.

Die Pflanze kann giftig sein. Sie sollten nicht

Goldregen für Ihr Haus pflücken, weil der giftige Samen, der hoch oben auf den Bäumen außerhalb der Reichweite von Kindern hängt, in einer Vase leicht erreichbar ist, insbesondere wenn er auf den Boden fällt.

Es mag sich um eine Pflanze von medizinischem Wert handeln, die man möglichst wachsen lassen soll, es sei denn, man benötigt sie wirklich: dann wird uns geraten, uns stets vor einer solchen Pflanze zu verbeugen und uns zu entschuldigen, daß wir sie verletzen müssen und ihr den Grund dafür nennen.

Es kann sich auch um einen Strauch handeln, dessen Augen für das kommende Jahr direkt hinter den diesjährigen Blüten sitzen. In all diesen Fällen erzählen uns die Kräuterhexen einfach, daß es entsetzliches Unglück bedeutet, sie als Zimmerschmuck zu pflücken, und belassen es dabei.

Für den Gärtner

Nicht allein der Garten, sondern auch der Gärtner selbst wurde von denjenigen, die die magischen Künste ausübten, als schutzbedürftig angesehen. Vielleicht sogar mehr als andere Menschen, denn wer Fertigkeiten besitzt, hat Rivalen, und wer Macht hat, bekommt auch Feinde. Glücklicherweise mußte er nun nicht dauernd Heiltränke trinken oder Salben als Schutz einreiben, da viele Kräuter schon als wirksam angesehen wurden, wenn sie am Körper oder auch nur so herumgetragen wurden.

Ein Amulett gegen böse Geister konnte aus einem

Stoffstück (möglichst rot) gemacht werden, das mit brauner getrockneter Betonie (Zehrkraut), Pfingstrosen und Estragon gefüllt war. Benediktenkraut war so mächtig, daß »Satan nichts ausrichten kann und davonfliegt«, und obendrein heißt es im ›Hortus Sanitatis‹, 1491, »wenn ein Mensch die Wurzel auf sich trägt, kann ihm kein giftiges Tier etwas anhaben«. Aber ich bin nicht sicher, ob dasselbe auch für die Hurer in der Nähe von Bienenstöcken gilt und fürchte, daß es sich nur auf Schlangen, Basilisken und dergleichen bezieht.

Getrocknet in einem Säckchen oder sogar als Knopflochblume war Immergrün (bekannt als Veilchen der Zauberer) allgemein anerkannt als jeglicher Hexe überlegen, die es selbst nicht bei sich trug. Ein nützliches Perlenband konnte als Zaubermittel gegen alles mögliche Unheil aus getrockneten Päonienwurzeln hergestellt werden. Sie ließen sich in jede gewünschte Form schnitzen und formen (und sahen so ganz unschuldig dekorativ aus). Sie sollten aber nicht bemalt oder gefärbt werden außer mit Waidblau oder dem Gelb des Wiesensafrans, damit die ihnen innewohnende Kraft nicht eingeschlossen wird. Waid und Safran dagegen sind selbst beschützende Pflanzen.

Der abergläubische Gärtner von heutzutage möchte vielleicht auch wissen, wie er sich schützen kann, wenn er sich aus der Sicherheit seines Gartens entfernt. Er hänge sich eine Rhododendronwurzel um den Hals zum Schutz gegen wilde Hunde, die ihm begegnen mögen. Geht er zum Essen aus, nehme er ein wenig Eisenkraut *(Syderica)* mit sich, als sicheren Schutz gegen jedes Gift, besonders Schlangengift (da es das Abbild der Schlange auf jedem Blatt trägt).

Das sicherste Mittel gegen Trunkenheit ist ein Efeukranz. Natürlich kann eine Frau, wenn sie verbergen möchte, daß sie in dieser Hinsicht irgendwelche Probleme hat, den Kranz immer hinter ihrer Stirnbinde verbergen. Ein Mann kann als alternative Vorsichtsmaßnahme vor der Mahlzeit fünf bittere Mandeln essen, wie Plinius rät. Das darin enthaltene Gift (Blausäure) könnte freilich dazu führen, daß man überhaupt nie wieder trinkt.

Alyssum verhindert, daß irgend jemand mit Ihnen ärgerlich wird. Tragen Sie Heliotrop bei sich, können Sie sicher sein, nur freundliche Worte zu hören. Letzteres sollte mit dem Zahn eines Wolfes in ein Lorbeerblatt eingewickelt sein. Für diesen Zweck sollte es nur gepflückt werden, wenn im August die Sonne im Zeichen des Löwen steht, aber es kann auch getrocknet werden. Jedoch mag es auf einer Gesellschaft, auf der Sie sich gut zu unterhalten hoffen, eine Peinlichkeit bedeuten, da kein anwesender Hurer fortgehen kann, bevor es nicht entfernt wurde, und so könnten Sie sich aus purer Höflichkeit verpflichtet fühlen, selber als erster zu gehen.

Wie man spezielle Kräfte erwirbt

Sowohl Bartholomäus als auch der gute Bischof Vincent von Beauvais bezeugen, daß ein Sud aus Heliotrop, wenn er unter Anrufung genügend mächtiger Geister getrunken wurde, die Kraft besitzt, auf Wunsch Unsichtbarkeit zu verleihen. Manchesmal mochte die Unsichtbarkeit nicht genügen, und der Adept nahm dann die Gestalt eines anderen Lebewesens an. Um die menschliche Gestalt wieder zurückzugewinnen, mußte der Adept dann in Quellwasser baden, in welches Anis-Samen und Lorbeerblätter gestreut waren. Sollte sich dies noch als unzulänglich erweisen (vielleicht war noch ein Rest der tierischen Gestalt geblieben, wie zum Beispiel ein Pferdefuß), mußte ein starker Aufguß dieser Kräuter getrunken werden.

Hatte der Adept oder sonst irgend jemand die äußere Form eines Esels eingenommen, mußte er Rosen essen (nur die alte Alba, Gallica, Centifolia oder Damaskus-Sorten konnten gemeint sein, als

dies geschrieben wurde), um seine Menschengestalt zurückzugewinnen. Bis zum heutigen Tage sollte einem Esel, der beim Rosenfressen gesehen wird, dies aus Barmherzigkeit gestattet werden, und er sollte nicht fortgejagt werden, bis absolute Klarheit darüber besteht, daß es sich wirklich *nur* um einen Esel handelt.

Bezüglich der Kräfte der Wahrsagerei galten Verbenen immer als allen anderen Kräutern überlegen. Die Römer benutzten sie beim Werfen des Loses und beim Prophezeien.

Auch Heliotrop wurde beim Wahrsagen als hilfreich angesehen und könnte heutzutage nützlich sein, wenn die Alarmanlage des Gärtners ausfallen sollte. Denn laut Albertus Magnus muß er nur mit Heliotrop unter seinem Kopfkissen schlafen, um die vollständige Rekonstruktion des Einbruchs zu träumen, einschließlich des erkennbaren Einbrechers. Und ein Vers von 1628 fragt:

> »Kann ein Zauberer die Zukunft voraussagen
> Ohne Lilien, Gamander und Federnelke?«

Ehe wir uns über den Aberglauben der Vergangenheit lustig machen, sollten wir die Voreingenommenheit unserer eigenen Zeit in Betracht ziehen. Um die Fähigkeit zu erwerben, Geister zu sehen, sollten die Spiritisten stets Lavendel bei sich tragen! Von allen Düften ruft er zweifellos am meisten die Erinnerung wach, und wenn ein Garten oder ein Raum schwer von seinem Duft ist, mag selbst der Unempfindlichste fühlen, daß jeder, der früher diesen Weg entlanggegangen sein mag oder diesen Bo-

den beschritten hat, bei einem Blick um die nächste Ecke oder bei einer Wendung des Kopfes vor einem stehen könnte.

Die Fähigkeit, Feen zu erblicken, ist schon schwieriger zu erwerben. Sie sind nicht unbedingt in jedem Garten. Zuerst muß wilder Thymian gepflückt werden »auf der Hügelseite, wo Feen zu finden sind«. Die folgende Vorschrift stammt aus einem Rezept von 1660, welches empfiehlt, daß man einen Schoppen Salatöl nimmt und in eine Glasphiole füllt: »Zunächst reinige man es mit Rosenwasser und Tagetes, wobei die Blüten gegen Osten gepflückt werden müssen. Man reinige es so lange, bis das Oel weiß wird, fülle es dann in das Glasgefäß, gebe die Knospen von Stockrosen, Blüten von Tagetes und wildem Thymian und die

Knospen von junger Haselnuß dazu. Dann nehme man das Gras eines Feen-Thrones (Ameisenhügels), füge alles zu dem Oel im Glas, lasse es drei Tage in der Sonne ziehen und verwahre es anschließend für den Gebrauch.«

Schutz für den Gärtner

Ich könnte gut eine Tatsache über den Holunder-busch als Magie weitergeben (unter Hinzufügung einer Beschwörungsformel, um ihr den authenti-schen Anstrich zu geben), wenn sie nicht von einer in meinen Augen sehr vernünftigen Freundin ent-deckt worden wäre: Holunder hat eine unwider-stehliche Anziehungskraft für Fliegen. Falls einer draußen vor Ihrem Küchenfenster wächst, bleiben die Fliegen zufrieden draußen und kommen nicht herein.

Vor allem stechende Insekten können uns den Garten so recht verleiden. Lavendelöl wird gele-gentlich dagegen empfohlen um sie abzuwehren, aber ich fand, daß es auch die Fliegen anzieht, was fast genauso störend sein kann. Die Lösung heißt Minze, speziell *Mentha piperita* (von welcher Men-thol destilliert wird), welche sowohl die Fliegen als auch andere Insekten vertreibt. Reiben Sie sich Ge-sicht und Hände mit den Blättern ein, das bringt zusätzlich ein herrlich erfrischendes Gefühl auf der Haut. Minze oder Petersilie, auf der Fensterbank gezogen, soll auch die Fliegen aus der Küche fern-halten. Zerquetschen Sie gelegentlich die Blätter, um mehr Duft freizusetzen. Übrigens: Der Gärtner oder die Gärtnerin, die keine Freunde verlieren wollen, sollten, bevor sie Knoblauch essen, Petersilie kauen.

Der Wetterblick des Gärtners

Es gab eine Zeit, als jeder gutgeführte Haushalt eine Ausgabe von ›Enquire Within‹ besaß. Eine Ausgabe, die 1887 als siebenundsechzigste herausgegeben wurde, rühmte sich einer Gesamtauflage von einer Million und dreizehntausend Exemplaren bis dahin. Sie enthält einige wertvolle Wetter-Tips. Je schwerer der Tau nach einem heißen Tag fällt, zum Beispiel, desto wahrscheinlicher ist es, daß der folgende Tag genauso schön sein wird. Aber gibt es nur wenig Tau und keinen Wind, so wird es regnen. Ist der Mond blaß und matt, gibt es Regen, ist er rot, so gibt es Wind. War es während einer Mondperiode entweder naß oder schön, so wird es nach einem Wechsel genau das Gegenteil davon sein, so für vier oder fünf Tage bleiben und dann wieder so werden wie zuvor. Wenn der Himmel bei Regenwetter einen seegrünen Schein hat, wird es heftigeren Regen geben. Gibt es zwischendrin dunkelblaue Flecken, wird es nur Huschen geben.

Als ich jung war, wurde uns gesagt, daß es gänzlich aufklären würde, wenn das Blaue im Himmel groß genug wäre, »um einer Katze davon ein paar Reithosen zu machen«.

Für ein fröhliches Herz

In alten Kräuterbüchern gibt es unzählige Rezepte für Herzleiden, viele sind nicht streng medizinisch, sondern gelten unseren Gefühlen. Gilt es als Rückfall in solche alte Magie, wenn Tabletten, die unsere Ängste besänftigen sollen, als »Purpur-Herzen« auf den Markt kommen?

Borretsch stellt wohl zweifellos das bekannteste magische Herzkraut dar. Plinius sagt, es müßte Euphrosinum heißen, so sicher mache es die Menschen glücklich und zufrieden. Und Gerard sagt, daß Borretsch in Wein getrunken »Männer und Frauen froh und vergnügt macht und alle Traurigkeit und allen Stumpfsinn vertreibt«. Der moderne Gastgeber, der hohe Gläser diesen und jenen Inhalts mit kleinen Borretschzweigen verziert, hat sicherlich keine Ahnung, welchem alten Brauch er da huldigt, um den Erfolg des Abends sicherzustellen. Gerard zitiert ein altes Sprichwort in Küchenlatein, welches er wie folgt übersetzt: »Ich, der Borretsch, bringe allen Mut.« Wie verschiedene andere Botaniker auch empfahl er Balsam und Basilikum in Wein getrunken.

Für die älteren Autoren scheint die Wirkung dieser Kräuter ausschließlich magischer Natur gewesen zu sein. Paracelsus sieht Balsam als das Grundelement für das Elixier des Lebens an. Zu Gerards Zeiten begannen auch medizinische Erklärungen einzufließen, und heute wird Balsam als ein hervorragendes Nerventonikum angesehen (das in der Tat »das Herze froh macht«). Basilikum ist sogar noch vorzuziehen, wenn es mit Alkohol eingenommen

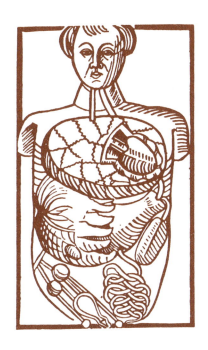

wird, falls die Party länger dauern sollte. Denn es ist ein Nerventonikum, das die seltene Kraft besitzt, eher zu stimulieren als zu sedieren, und es beruhigt auch den Magen und verhütet Erbrechen und Benommenheit. Die Sumpfstaude sollte nach Gerard in Wein gekocht werden, »um das Herz leicht zu machen«. Und wenn Sie eine Art Weinbrand herstellen, indem Sie Maiglöckchen hineindestillieren, wird er nicht nur das Herz beruhigen, sondern »sogar denjenigen die Sprache wieder zurückgeben, die der Schlag gerührt hat«.

Damit der skeptische Leser nicht vermutet, daß die eigentlich tröstliche Wirkung bei diesen Mixturen vom Alkohol ausgeht, gibt es auch viel Magie für das Herz, die keinerlei Alkohol benötigt. Kerbelwurzeln (wohlriechende Süßdolde) bewirken Wunder bei »alten Leuten, die stumpf und mutlos sind« (Gerard), und in Wasser gekochter Majoran »bringt denjenigen viel Erleichterung, die gerne stöhnen«. Bartholomäus verschreibt Erdrauch, wobei er zugibt, daß es »ein Kraut ist, das fürchterlich schmeckt und einen strengen Geruch hat«, aber »nichtsdestoweniger voller Kraft ist, denn es reinigt und befreit einen von der Melancholie«. Man kann sich aber auch das Herz leicht machen mit braunen Plätzchen aus Engelwurz oder Rosmarinblüten mit Zucker gebacken, was im ganzen gesehen sehr viel angenehmer klingt.

Nieswurz macht durch Abführen »die Herzen aller dumpfen und schwerblütigen Menschen leicht«, während es von Ochsenzunge heißt, daß sie besonders anregend für Kleinkinder sei. Gamander und Milchdistel brauchen nur gekaut zu werden, um den Geist anzuregen. Die kräftigende Wirkung von Lavendelabsud für das Herz wird schon zu Zeiten von William Langham 1579 gepriesen, und weit in unsere Zeit hinein, bis zu Baron Frederic de Gengins Lassaraz in Paris, im neunzehnten Jahrhundert, der es speziell bei »den nervösen Störungen der Damen von hoher Geburt« empfiehlt, den armen Dingern.

Ich persönlich halte mich immer gerne in jedem Fall an den Rat Shakespeares, und er empfiehlt eine andere Distel. So sagt Margarethe zu Beatrice in ›Viel Lärm um Nichts‹: »Euer Gnaden sollten sich abgezogenen Kardobenedikt holen lassen und ihn aufs Herz legen: es gibt kein beß'res Mittel für Beklemmungen.«

Für Schüler und Gelehrte

Man kann mit der Erziehung nicht früh genug beginnen, wie die Vertreter der Vorschulerziehung behaupten – aber sie gehen nicht weit genug zurück: vorgeburtliche Kliniken sollten vielleicht Quitten bereitstellen, denn es hieß im siebzehnten Jahrhundert, »daß die Frau in Erwartung, die viele davon während ihrer Schwangerschaft ißt, kluge und verständige Kinder gebären wird«. Ochsenzunge ist

113

sowohl für den Geist des Kindes gut als auch für sein Herz. Evelyn sagt, daß Borretsch in der Schule »den hartarbeitenden Schüler aufmuntert«. Das Gedächtnis kann weitgehend verbessert werden, indem man Rosmarin oder Zehrkraut einatmet oder ißt, welche sogar beide für den Kopf im allgemeinen gut sein sollen. »Die Blüten des Lavendel in eine Mütze eingesteppt«, heißt es in Turners Kräuterbuch von 1551, »ermuntern den Geist außerordentlich«. Oft sieht man auf alten Portraits von Gelehrten, daß sie etwas tragen, was wie eine Nachtmütze aussieht, und bis ich dies gelesen hatte, nahm ich immer an, daß man so damit beeindruckt werden sollte, wie eifrig sie bis in die Nacht hinein arbeiteten; aber nun frage ich mich, ob sie nicht ihren Geist mit Lavendel erquickten.

Für die Athleten

Olympiateilnehmer sollten sich erst vergewissern, ob diese Hilfsmittel vom Komitee zugelassen sind, aber für alle Athleten wurden Bäder als wirksam angesehen, in die Minze und Balsam gestreut waren, »um die Nerven und Sehnen zu stärken«. Aß man Kresse, so hieß es, »daß sie die Muskeln weich mache«, aber ob dies bedeutete, daß dadurch Steifheit oder Krämpfe verhindert wurden, oder ob die Muskelversteifung alternder Athleten damit verhindert werden sollte, weiß ich nicht. Der Marathon-Läufer sollte Beifuß und/oder Kamille in seine Schuhe tun, um Übermüdung in den Beinen vorzubeugen und für denselben Zweck auch ein wenn auch noch so kleines Stöckchen Myrte bei sich tragen. Nach dem Lauf kann der ganze Körper mit einem Oel aus Kressesamen eingerieben werden, um »die Muskeln wieder zu lockern«. Jeder Läufer wird sicher von dem Ratschlag Websters an eine seiner Gestalten in ›The Devil's Lawcase‹ profitieren, nämlich Malaga-Rosinen zu essen, »um ihm einen langen Atem zu geben«.

Wettervoraussagende Lebewesen

Wenn Sie einen Frosch finden, der blaßgelb aussieht, wird das Wetter schön. Derselbe Frosch wird innerhalb von Stunden dunkelbraun oder -grün, wenn Regen aufkommt. Hören Sie einen jungen Hahn lange vor Morgengrauen krähen, besagt das

Regen oder im Winter auch oft Schnee. Kommt der bleiche Zitronenfalter früh im Jahr nach einer Schlechtwetterperiode heraus, so ist er aus dem Winterschlaf erwacht, weil eine Zeitlang gutes Wetter erwartet werden kann. Später im Jahr sehen Sie ihn meistens, bevor das Wetter in die eine oder andere Richtung umschlägt.

Dieselbe alte weise Frau im Ort, die mir diese Tips gab, sagt auch, daß ein roter Himmel am späten Abend (oder morgens) Sonnenschein (oder Regen) nur dann voraussagt, wenn der Himmel auf der gegenüberliegenden Seite dieselben Farben widerspiegelt.

Ein Blutegel-Barometer

Die frühviktorianische Enzyklopädie ›Enquire Within‹ enthält auch Anweisungen, wie man das Wetter voraussagen kann, indem man einen Blutegel in einem Glasgefäß hält, was wie Hexerei erscheint, es aber mitnichten ist. Das Land ist heutzutage weitestgehend trockengelegt, und es kann sein, daß Sie eine Tagestour machen müssen, um in einem der noch verbliebenen Moore Ihren Blutegel zu fangen; oder Sie müssen einen dieser Drogisten danach fragen, die sich noch »Droguist« schreiben. Aber dann setzen Sie den Egel in ein hohes Glas mit einem halben Liter Wasser, das Sie einmal die Woche im Sommer und alle vierzehn Tage im Winter auswechseln. »Wenn es gutes Wetter gibt, liegt der Blutegel bewegungslos am Boden des Glases, ist Regen zu erwarten, kriecht er in seinem Gehäuse ganz nach oben und bleibt da, bis sich das Wetter gefestigt hat. Kommt Wind auf, so bewegt er sich mit erstaunlicher Geschwindigkeit durch seinen Wohnsitz und kommt selten zur Ruhe, bevor der Wind stark zu wehen beginnt.« Sind heftige Stürme zu erwarten, »wird er sich ein paar Tage vorher beinahe ständig an der Wasseroberfläche aufhalten und großes Unbehagen mit heftigem Winden und krampfartigen Bewegungen zeigen. Bei Frost sowie auch bei klarem Sommerwetter liegt er ständig am Boden und sowohl bei Schnee als auch regnerischem Wetter hält er sich oben am Hals der Phiole auf. Die Öffnung sollte mit einem Stückchen Musselin bedeckt sein.«

Gegenmittel gegen alle möglichen Übel

Die Magie des Gartens konnte natürlich auch angewandt werden, um das Haus zu schützen. Manche Leute hängen noch heute ein Hufeisen vor ihrer Tür auf, ein Relikt des Aberglaubens, daß sich Hexen vor Schmiedeeisen fürchteten. Aber früher hätten sie wohl eher das Benediktenkraut, das gesegnete, von innen über die Tür gehängt, um den Teufel daran zu hindern, die Schwelle zu überschreiten. Dazu das Zehrkraut für das weitere Wohlergehen aller im Hause lebenden Seelen.

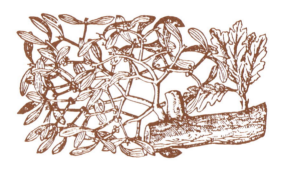

Heute werden Mistelzweige nur noch zur Weihnachtszeit ins Haus gebracht, um sich darunter zu küssen, aber einst hingen sie das ganze Jahr hindurch in der Diele, zum Zeichen, daß Gäste, die darunter begrüßt wurden, in dem Hause sicher waren, in Anerkennung der ihnen innewohnenden Kräfte, die schon zu Zeiten der Druiden bekannt waren und Frieden und Freundschaft verhießen. Andere wohltätige Kräuter wurden über die Binsen auf die Böden gestreut, zusammen mit mehr prakti-

schen Dingen wie Flohkraut (*Mentha pulegium*),
um Flöhe abzuhalten. Wenn Königin Elisabeth I.
sich auf einer Rundreise befand, war der weise
Haushaltungsvorstand sorgfältig darauf bedacht,
reichlich Mädesüß auszustreuen. Es war bekannt,
daß sie diese Staude über alles schätzte, wenn vielleicht auch mehr um ihres Duftes willen als wegen
ihrer anderen Eigenschaften.

Um das Haus gegen das Eindringen der Pest zu
schützen, wurden Büschel mit Raute (Gnadenkraut)
an den Seiten der Fenster aufgehängt, hauptsächlich
an die Fenster gegen Osten, denn besonders von
dieser Seite »bläst die infizierte Luft aus Frankreich«.
Dies Kraut wurde als derart mächtig angesehen, daß
Diebe, die pestverseuchte Häuser plündern wollten,
es riskierten, diese zu betreten, selbst wenn noch
Leichen darin lagen, solange sie nur dieses Kraut auf
sich trugen. Hier finden wir wiederum die Erklärung
hinter der Magie, denn wenn die Pest auch nicht
durch die Luft übertragen wurde, so doch durch
Ratten, und diese hassen Raute.

Unsere Vorfahren pflegten auch Möbel mit Kräutern zu bestreichen. Die als Feen verkleideten
Nachtschwärmer in den ›Lustigen Weibern von
Windsor‹ bestimmten, nachdem sie angeordnet hatten, daß die Elfen »glückbringende Kräuter« in jedem Raum ausstreuen sollten:

»Die Ordenssessel reibt mit Balsamkraft
Und jeder edeln Blume würz'gem Saft.«

Dies geschah gewiß nicht nur wegen des Duftes,
obwohl auch moderne Fabrikanten der Möbelpoli-

tur Lavendelöl (vermutlich synthetisches) hinzufügen. Eine magische Bedeutung kennen sie dabei wohl nicht mehr.

Magisches Potpourri

Infolge der heutigen Vorliebe für Teppichböden ist es für den modernen Magieanhänger wahrscheinlich noch am praktischsten, getrocknete Kräuter in einer Mischung im Hause zu verwahren. Und sicherlich wird die Räume ein viel magischerer Duft durchdringen als die Düfte üblicher Art. Zum Beispiel kann man die für das Brautgemach empfohlenen besonderen Schalen in allen Schlafzimmern aufstellen. Man kann dem noch viel Waldmeister hinzufügen, welcher die magische Eigenschaft besitzt, jeden, der in seiner Nähe schläft, von Sommerwiesen träumen und auch mitten im tiefsten Winter in einer Welt von frischgemähtem Heu erwachen zu lassen. Ich kann keine besondere magische Verwendung für Frauenminze *(Chrysanthemum balsamita)* finden, aber ich würde sie wegen ihres Duftes beifügen: in Amerika ist sie als Bibelblume bekannt (was sie vielleicht heiligt), denn sie duftet so süß, wenn sie getrocknet ist und hält so lange, daß sie zwischen den Bibelseiten gepreßt zu werden pflegte und darin als Lesezeichen diente.

Es gibt natürlich Dutzende von Methoden, um Mischungen herzustellen, aber es gibt da eine, die erfunden wurde, als man Magie noch ernst nahm und die deshalb vielleicht auch am wirksamsten

war, wie in den ›Delights for Ladies‹ von Sir Hugh Platt beschrieben ist, der am Hofe von Elisabeth I. lebte. Sie war ersonnen, um es einem zu ermöglichen, die Blumen als Ganzes aufzuheben, anstatt nur die Blütenblätter zu pressen und die Kelche fortzuwerfen. Wenn die Blätter genau so einen Duft besitzen wie die Blüten, werden sie ebenfalls von den Stengeln abgestreift. Dann werden Blüten und Blätter sorgfältig in einer Schachtel auf eine Lage Sand gelegt und zwischendurch immer wieder eine neue Lage Sand. Sir Hugh ließ dann die Schachtel in der Sonne stehen, wobei er nächtliche Feuchtigkeit und Kälte vermied. (Heute können Sie einen Trokkenschrank nehmen und die Tür einen Spalt weit auflassen, um die Feuchtigkeit entweichen zu lassen, damit nicht durch die bösen Geister Schimmel entsteht.) Die Blumen sollten einundzwanzig Tage darin bleiben, oder sagen wir besser drei mal sieben Tage, oder neun mal neun, wenn es sich um fleischige Pflanzen handelt. Die Blüten und Blätter werden trotz der Trocknung ihre Form und auch einen Rest ihrer Farben behalten.

Diese Methode war besonders für Rosen bestimmt, deren Schönheit allein uns schon gestatten sollte, sie zu den Pflanzen zu zählen, »die das Herz erquicken«, obwohl sie nie als magisch angesehen wurden. Aber nehmen Sie nicht die modernen Arten: Teehybriden, Floribundas und die Musk-Hybride behalten ihren Duft nicht gut, wenn sie getrocknet sind, so süß sie auch duften mögen, während sie wachsen. Am besten eignen sich die alten Damaskusrosen, besonders diejenige, die als Kazanlik verkauft wird und aus der das berühmte Rosenöl hergestellt wurde. Die Red Rose of Lancaster (*Gallica officinalis*, die Apotheker-Rose) und die rote Kohlrose, *Centifolia*, kommen als nächstes; China- und Bourbon-Rosen und die Rugosas (welche allesamt einen Hauch von Gewürznelke an sich haben) sind ausgezeichnet. Alle Blüten und Blätter für die Mischung müssen morgens gepflückt werden, wenn die Sonne gerade genügend Zeit hatte, ihre flüchtigen Öle zu lösen, sagen wir so gegen elf Uhr. Fixative, die heute immer in modernen Potpourris benutzt werden, sind für diese magische Mischung nicht wirklich vonnöten. Aber wenn Sie mögen, fügen Sie, um die Blumen noch haltbarer zu machen (nachdem die anderen Bestandteile alle getrocknet sind), auf einen Liter noch einen Teelöffel Schwertlilienpulver hinzu – welches Sie selber herstellen können, indem Sie die Wurzeln der weißen

Iris germanica sehr gründlich während zwei oder drei Monaten trocknen und dann zerstoßen. Es riecht nach Veilchenduft.

Das Gemisch sollte dann in eine gläserne, irdene oder Porzellanschale getan werden, keinesfalls in eine silberne oder zinnerne, welche die Pflanzen nicht mögen und die sie in ihrem Zorn mit einer Spur ihrer ätherischen Öle anlaufen lassen.

Eigener Beitrag zur Magie

Jedes Buch dieser Art sollte zumindest einen persönlichen Tip aus der Magie enthalten. Um mit unserem technischen Zeitalter Schritt zu halten, steuere ich einen solchen bei: wie man einen Rasenmäher startet. Es hat keinen Zweck, auf die Maschine zu fluchen oder einen der Dämonen anzurufen, die bei der Kräutermagie wirksam sind – all das ist bereits versucht worden. Binden Sie an den Handgriff ein Stück Fenchel (für Schmeichelei, siehe Ben Johnson: ›The Case is Altered‹, 2. Akt, 2. Szene), indem Sie die Maschine mit bewundernden Worten begrüßen und dabei sagen, daß sie immer beim ersten Ziehen an der so klug erfundenen Anlasserschnur anspringt, und versichern Sie jedem in Hörweite, daß es die beste Maschine auf dem Markt ist.

Das bringt's dann, wie der Botaniker sagt.

Kleiner Wegweiser

Aloe 83
Alraune 73 ff., 90
Aluminium 54
Ameisen 38 f., 83, 90
Anis 105
Anti-Aphrodisiakum 74
Apfel 25, 80
Aphrodisiakum 69 ff., 73
Asparagus 70
Aster 62
Azalee 61

Baldrian 72
Balsam 71, 110, 115
Banane 51 f.
Basilikum 30, 72, 110
Beifuß 115
Benediktenkraut 103, 118
Betonie 103
Bienen 27, 57, 74, 81 f.
Bier 41, 52, 85
Blattläuse 27, 37 f.
Bleiwurz 61
Blutegel 116
Blumenkohl 40 f.
Bocksrollzunge 69
Bohnen 13 f., 28 ff.
Borretsch 27, 110, 114
Brombeere 71 f., 85

Chrysanthemen 48, 65, 71

Dahlie 22, 65
Distel 113
Dünger 77

Eiche 31 f., 80
Eichhörnchen 43, 83
Eierkarton 53
Eigelb 74
Eisenkraut 103
Efeu 84, 104
Elster 81
Engelwurz 112
Erbsen 14, 28 ff., 85
Erdbeere 18, 27 ff., 44

Erdrauch 112
Esche 31 f., 70
Esel 106
Estragon 103

Fadenwurm 23
Fahrradschlauch 45
Farn 19 f., 61
Fenchel 82, 124
Fett 17
Fingerhut 24 f., 47
Fischteich 86
Flaschen 86
Fliegen 108
Flöhe 46
Flohkraut 119
Forsythien 49
Frauenminze 120
Frosch 115
Frost 61
Fuchs 18, 49 f.
Fuchsien 19, 61

Gallapfel 83
Gamander 106, 113
Gartenschädlinge 39
Geranien 61
Geräteschuppen 87
Ginster 72 f.
Gladiolen 30, 49
Gnitzen 59
Goldregen 101 f.
Gundermann 32
Gurken 86

Haare 13 f.
Hackfleisch 78
Haselnuß 108
Hauswurz 69, 79
Hefe 52
Heidekraut 49
Heliotrop 104, 106
Henna 74
Holunder 32, 100, 108
Holzasche 77
Holzkohle 47

125

Honig 74
Hund 81

Immergrün 69, 103
Immortellen 22
Ingwer 71
Insektizide 37

Jasmin 49

Kaffeesatz 50
Kalk 85
Kälte 61
Kamelien 50
Kamelmilch 74
Kamille 26f., 115
Kampfer 48
Kompost 16, 24f., 49, 61f., 70, 77
Kapuzinerkresse 38
Karbid 44f.
Karotten 15, 69
Kartoffeln 11, 23f., 28
Kartoffelschalen 77
Katzen 45f., 78, 81
Katzenminze 45
Kerbel 112
Kichererbse 74
Kleie 85
Knabenkraut 69
Knoblauch 16, 28f., 37, 109
Kohl 15, 26–29, 36, 51
Kohlblatt 85
Kohlfliege 15
Kohlhernie 36
Kopfsalat 28
Korallen 79
Kreosot 15f., 42f.
Kresse 115
Kreuzkraut 95
Kreuzkümmel 93
Krokus 44
Kröte 79, 86f.
Kuckuck 83, 90
Kürbis 77

Lauch 28f.
Lavendel 44, 108, 113f., 119f.
Läuse 46
Liebestrank 71, 90

Lilien 106
Lindwürmer 84
Lobelien 27
Lorbeer 32, 79, 104f.
Löwenlosung 42
Löwenmaul 49
Lupinen 33, 38, 69

Mädesüß 119
Maiglöckchen 111
Majoran 72, 112
Mandeln 46
Mandragora 76
Matratze 13
Maul- u. Klauenseuche 84
Maulwurf 44f., 85f., 90
Mäuse 14, 46, 85
Mehltau 36
Melone 86
Methylalkohol 36
Milch 51
Minze 16, 26ff., 72, 108, 115
Mist 60
Mistel 88, 95, 118
Mohn 76
Möhren 28f.
Möhrenfliege 15
Mond 11f., 89, 91, 94
Mothax Ringe 35
Mottenkugeln 15, 34f.
Mottenschildläuse 23, 38
Myrte 115

Narzissen 47f.
Nelke 106
Nesseln 24
Nieswurz 113
Nylonnetz 43
Nylons 53

Obstbäume 38, 40, 85
Ochsenzunge 113
Ohrwürmer 40
Oleander 61
Orangenschale 85
Osterglocke 47

Päonien 103
Petersilie 27ff., 92f., 108f.

126

Pfingstrosen 94, 103
Pfirsich 34 f.
Primeln 44

Quecke 33

Raps 12, 91
Rasen 33
Raupen 79
Raute 28 f., 46, 119
Reiher 86
Rhabarber 36
Rhododendron 103
Rittersporn 47, 49
Rosen 16 f., 27, 29 f., 37, 41, 43,
   51 f., 60, 65, 78 f., 100 f., 105,
   107, 122
Rosenkohl 36
Rosinen 115
Rosmarin 27 f., 112, 114
Roßhaar 13, 40 f.
Rüben 12, 28 f., 33, 91

Safran 103
Salbei 27 f., 74
Salz 85
Saubrot 70
Schachtelhalm 32, 54
Schafgarbe 87
Schafsdung 61
Schilfrohr 74
Schlangen 84, 103 f.
Schnecken 40, 85
Schnittlauch 37
Schuhe 53
Seifenwasser 51
Skorpione 84
Spargel 28 f.

Spinne 83 f.
Stechpalme 85
Steinkraut 27
Storchenschnabel 74
Symbiose 20

Tagetes 21 ff., 28, 32, 107
Tauben 82, 85
Taubnessel 70
Tee 50
Thymian 27 f., 72, 82, 107
Tomaten 23 f., 28 f., 33
Trockenheit 59
Tulpen 48

Veilchen 43, 72
Verbenen 72 f., 89
Vögel 43 f., 81, 85

Wacholder 82
Waidblau 103
Walnuß 31 f.
Wegschnecke 40
Weißwein 74
Wespen 84 f.
Wicke 31
Wild 41
Wolfsmilch 45

Ysop 82

Zahnschmerzen 95
Zehrkraut 114, 118
Zeitungspapier 99
Zinn 54
Zitronenfalter 116
Zwiebeln 26, 28 f., 37, 54, 74